Fantásticas
ilusiones ópticas

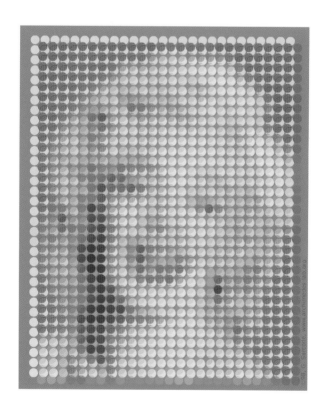

Para mi persistente y eterno profesor de arte, Felix Maurice, que me enseñó muchísimo sobre la ilusión del arte y sobre mi ilimitado ego... y cuyo nombre todavía me intriga: ¿Felix es su nombre o su apellido?
Gianni A. Sarcone

© 2010, Editorial LIBSA
C/ San Rafael, 4
28108 Alcobendas. Madrid
Tel. (34) 91 657 25 80
Fax (34) 91 657 25 83
e-mail: libsa@libsa.es
www.libsa.es

ISBN: 978-84-662-2125-2

Derechos exclusivos de edición para todos
los países de habla española.

Traducción: José Miguel Parra

© MMVI, Carlton Books Limited 2006

Titulo original: *Fantastic optical illusions*

Página 3: ¿Un plato roto?
Si te concentras en los ojos de la langosta, al cabo de un tiempo
(10-15 segundos) parecerá que el fragmento roto se une al resto.
Este divertido efecto se debe a que, de forma subconsciente,
nuestro cerebro tiende a unir las líneas rotas o quebradas.

Fantásticas ilusiones ópticas

Más de 150 originales trucos visuales, trampantojos y acertijos ópticos

GIANNI A. SARCONE Y MARIE-JO WAEBER

LIBSA

Entonces vio Dios TODO cuanto había hecho, y he aquí que estaba muy bien.

INTRODUCCIÓN

Desde la Antigüedad, los seres humanos saben que la percepción inmediata no es una lectura de la realidad física. Esto queda específicamente ilustrado con la alegoría de la cueva de Platón: los seres humanos son como prisioneros encadenados en una cueva, incapaces de girar la cabeza y, por lo tanto, de ver ningún objeto real. Todo lo que pueden ver son las sombras proyectadas por una fuente de luz sobre el muro de la cueva. Esto significa que lo que los prisioneros perciben sólo son sombras y ecos arrojados por objetos que son incapaces de ver. Estos prisioneros considerarán que la apariencia (las sombras) es la realidad.

La visión como ilusión

¿Qué significa ver?, ¿qué es la visión?, ¿cuál es la experiencia visual? La visión es el acto más creativo del que es capaz un ser humano. Ver es representar el mundo en el lienzo vivo de nuestra mente. Como sólo representamos bien lo que realmente conocemos, nuestra mente es tanto el lienzo como el artista. En este proceso creativo, los ojos no son nada más que un medio mediante el cual nuestra mente interpreta y «reconstruye» la realidad que nos rodea. El poeta Novalis dijo: «Los ojos son un órgano "superficial"». De hecho, nunca percibimos el mundo real, porque éste depende mucho de nuestro cuerpo y de nuestra mente.

En efecto, la visión no es 100 por ciento ese proceso natural que la gente piensa. En realidad se basa en gran parte en habilidades aprendidas que son útiles para interpretar nuestro entorno cercano. Por eso es importante el estudio de las ilusiones visuales y de las falacias mentales: nos revelan la magia y los límites de nuestra percepción (o conciencia). Algunas ilusiones nos enseñan a dudar y a cuestionarnos las apariencias de la realidad; son una especie de escuela de la vida.

Cuando miras al espejo, la persona que está delante de ti, incluso si estás acostumbrado a esa imagen, no es realmente tú. Es un extraño con el corazón a la derecha y el hígado a la izquierda. ¿Cuánta imaginación necesitamos para comprender cómo nos percibimos realmente a nosotros mismos y cómo nos perciben los demás? Prueba este experimento: escanea una foto tuya y, con ayuda de un programa de retoque fotográfico, gírala verticalmente para crear una imagen especular e imprímela. Ahora compara la imagen con la fotografía original. ¿Cuál de las dos prefieres? Muéstraselas a un amigo y pregúntale lo mismo. Tú probablemente prefieras la imagen especular y tu amigo la versión «normal». Es una cuestión de hábito: preferimos las cosas a las que estamos acostumbrados. ¡Dos visiones de la misma persona!

Pero la ilusión también es de la mente; sobre todo cuando creemos que podemos controlar nuestros pensamientos. Intenta no pensar en un oso polar. ¿Lo has conseguido o un oso polar deambula pesadamente por tu cerebro? Ahora piensa en verde, en un hombre verde y en un número del 1 al 5. Luego en un número del 5 al 10. Apuesto a que has pensado en el 3 y el 7. Otro ejemplo es cuando imaginación y deseo chocan; la imaginación siempre acaba por hacerse con las riendas del proceso. Resulta sencillo caminar por

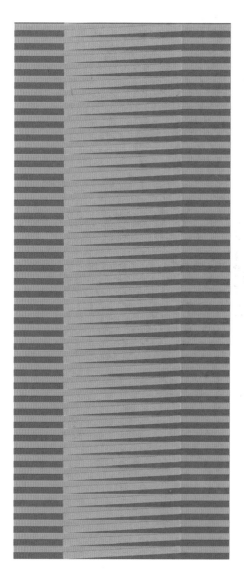

Sólo gris...

Se trata de un experimento de color con líneas grises. Lo que sucede es lo que llamamos asimilación del color: el color gris aparece azulado al contacto con el azul, pero es anaranjado en contacto con el naranja, dando la impresión de una gradación de color.

un tablón colocado sobre el suelo, pero a pesar de toda nuestra fuerza de voluntad resulta casi imposible hacer lo mismo cuando el tablón está suspendido entre dos edificios de diez pisos de altura. La conciencia es uno de los grandes misterios del cerebro. Muchas acciones (caminar, subir al autobús, responder al teléfono) se realizan de forma inconsciente y sólo somos conscientes de ellas después de haberlas realizado. Un estudio reciente ha revelado que nuestra decisión consciente de mover una extremidad se realiza aproximadamente un segundo después de que el área correspondiente del cerebro haya activado dicho movimiento. Por lo tanto, ¿somos nosotros quienes controlamos nuestro comportamiento o es el libre albedrío una ilusión creada por nuestro cerebro? Ilusiones, siempre ilusiones. Estamos inmersos en un mar de ilusiones mentales: ilusiones de certeza, ilusiones de seguridad...

¿Qué son en realidad las ilusiones ópticas o visuales? Explicado de una forma sencilla, se trata de ilusiones concretas que engañan al sistema visual humano y le hacen percibir algo que no está presente o percibir erróneamente lo que está presente. Las ilusiones ópticas pueden clasificarse como: ilusiones físicas, ilusiones fisiológicas e ilusiones cognitivas. Las ilusiones físicas son ilusiones fenomenológicas que tienen lugar antes de que la luz penetre en el ojo, como un espejismo, un arco iris o una pajita quebrada dentro de un vaso de agua. Las ilusiones fisiológicas son el efecto en los ojos o el cerebro de un tipo concreto de estimulación prolongada: brillo, titileo, color, movimiento... Las ilusiones cognitivas interactúan con diferentes niveles de proceso perceptivo y las asunciones internas o conocimiento resultan equivocadas. Las ilusiones cognitivas se suelen dividir en ilusiones ambiguas,

ilusiones distorsionantes e ilusiones paradójicas.

Las ilusiones ópticas llevan milenios siendo estudiadas. Incluso nuestros antepasados prehistóricos pueden haber quedado desconcertados por las ilusiones ópticas, si bien no nos han dejado pruebas de ello. Seguramente se dieron cuenta y experimentaron algunos fenómenos visuales como:

- La imagen residual que quedaba en sus ojos cuando miraban al sol.
- Un palo que parece roto cuando se metía la mitad en el agua.
- La ilusión de la Luna (la luna ascendente parece el doble de grande que cuando está en su cenit).
- El fenómeno óptico natural conocido como espejismo.

Los antiguos griegos utilizaban una técnica llamada éntasis, que consistía en incorporar una ligera convexidad a las columnas de un templo para compensar la ilusión de concavidad creada por las líneas paralelas (en épocas más recientes, Rolls Royce aplicó la éntasis en las parrillas de sus radiadores).

A lo largo del tiempo, mucha gente ha encontrado usos para las ilusiones ópticas. Podemos decir que engañar a los ojos de la gente ha sido un modo de vida en el arte, la tecnología y el entretenimiento. Pero, ¿por qué a la mayoría de la gente le gusta las ilusiones ópticas? Quizá sea porque las ilusiones parecen magia o prestidigitación. Rod Sterling escribió una vez: «En cualquier búsqueda de magia, brujería o prestidigitación, busca primero en el corazón humano». Cada uno de nosotros tiene sus propias razones para apreciar el hecho de ser sorprendido o quedar perplejo por una ilusión visual: a algunos con espíritu científico les gusta buscar el razonamiento y la

Una posición complicada
¿Realmente estás mirando desde atrás a este hombre que lee? Es un tipo de figura indecidible. La mitad superior y la inferior del hombre parecen estar en direcciones diferentes.

explicación lógica que hay tras ellas (¡pensando que son lo bastante listos como para averiguar qué está pasando!). Otros, con formación artística, se sienten más bien atraídos por la estética, y aún otros por el aspecto contemplativo de las ilusiones. Se sabe que las personas a las que les gusta ser engañadas con ilusiones ópticas son «como niños». Nosotros pensamos que la maravilla de las ilusiones ópticas se remonta al comienzo de nuestra infancia, esa nostalgia que nos ataca a todos.

Resumiendo, las ilusiones ópticas no enseñan cómo percibir las cosas; nos enseñan las costuras de la tela de la realidad que (re)creamos. En este libro, dividido en siete temas principales (figuras ambiguas, figuras imposibles, figuras escondidas, percepción del color, patrones móviles, paradojas y magia) encontrarás una interesante y sugestiva colección de acertijos visuales que resolver y de ilusiones ópticas que explorar, disfrutar y experimentar. Una gran parte de ellas han sido inventadas y diseñadas por los autores, mientras que otras son ilusiones ópticas menos conocidas o basadas en recientes estudios realizados por importantes investigadores en el campo de la neurociencia cognitiva, como E. Adelson, H. Ashida, J. Faubert, G. Kanisza, A. Kitaoka, A. Logvinenko, B. Pinna y H. Van Tuijl. Para completar el cuadro, al final del libro encontrarás un catálogo de ilusiones ópticas descubiertas por científicos, psicólogos y artistas de los siglos XIX y XX.

Cuando es necesario, cada ilusión viene explicada con palabras claras y sencillas (el libro está destinado a todos los públicos); hay que tener en cuenta que la mayor parte de las explicaciones es empírica y está basada en intuiciones más que en pruebas científicas. Algunas ilusiones perceptivas todavía están siendo debatidas y los científicos que estudian estos fenómenos sólo pueden hacer suposiciones. También tenemos que decir que en ocasiones los investigadores tienen la costumbre de ocultar su ignorancia y construir grandes pero efímeras teorías de corta vida a partir del menor de los indicios; teorías que no siempre son consistentes o están bien fundadas (¿alguien se acuerda de la torpe teoría del cerebro izquierdo y el cerebro derecho?). El mejor modo de comprender cómo y por qué funcionan las ilusiones es experimentar con tus amigos e intentar construir una variante; si la variante funciona, significa que has comprendido el mecanismo secreto de la ilusión. Esperamos que utilices las estupendas ilustraciones de este libro como recurso e inspiración para diseñar y crear nuevas ilusiones ópticas.

En conclusión, querido lector, el mundo es un escenario en el que siempre hay un telón inesperado para levantar. ¡Disfruta! Para ello serás guiado de la mano por Gianni A. Sarcone y Marie-Jo Waeber, autores de columnas y artículos para periódicos y revistas que publican acertijos visuales y rompecabezas matemáticos. Han escrito y publicado varios libros, algunos ilustrados, en varios idiomas, sobre acertijos y los mecanismos de la visión. Son los cofundadores de *Archimedes Laboratory*™, una red de consulta formada por expertos especializados en mejorar y desarrollar la creatividad.

Ilusiones de perspectiva, geométricas y angulares

A menudo nuestro cerebro transforma la imagen física que percibimos en una

A
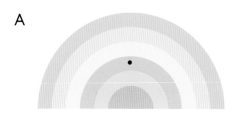

B
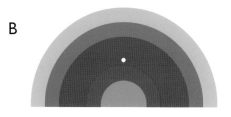

Dale brillo

Los colores del arco iris de la figura A están desvaídos. Para devolverles su intensidad mira al punto blanco de la figura B durante 20-30 segundos y luego vuelve a mirar a la figura A. El efecto se basa en la adaptación al color.

imagen que resulta más comprensible para nuestros sentidos. Como compruebas diariamente, existe una diferencia entre el tamaño «actual» de un objeto, su tamaño «aparente o angular» y su tamaño «imaginario». El tamaño actual de un objeto no puede observarse, porque para que nuestros ojos se centren en ese objeto debemos encontrarnos a cierta distancia. Pero puedes calcularlo o medirlo. El tamaño angular percibido de un objeto es una medida de cuán grande «parece» ser ese objeto y, por lo general, depende del ángulo visual del objeto en la retina de nuestros ojos. Siendo todo igual, el objeto que tenga el ángulo visual más grande parecerá más grande. El ángulo visual depende del tamaño actual de un objeto y de la distancia a la que se encuentra ese objeto de nuestros ojos. Puede que un camello no pase por el ojo de una aguja, pero su imagen (su tamaño aparente) sí puede. De hecho, es posible ver a un camello de 2 metros de longitud a una distancia de 960 metros entre por el ojo de una aguja de 2 milímetros de ancho. ¿Qué pasa con el tamaño imaginario? Psicológicamente, en ocasiones tendemos a ver los objetos más grandes (o más pequeños) de lo que son en realidad. Por ejemplo, es muy difícil determinar a ojo de buen cubero el tamaño real de los objetos circulares.

Que tengamos dos ojos (visión binocular) es más que suficiente para proporcionarnos información sobre distancias, y por ese motivo no necesitamos tres. Uno de los elementos de esa distancia binocular se llama convergencia. La convergencia se refiere al modo en que tus ojos van girando hacia el centro según los objetos se vuelven más cercanos (¡es lo que te hace bizquear!). Lo otro que sucede según se acercan los objetos es que nuestra acomodación visual cambia.

Otro elemento de la percepción de la distancia, sobre todo para las escenas más complejas, en las que hay múltiples objetos, es la disparidad binocular. Eso significa que cada ojo recoge un ángulo diferente del campo visual. Otro elemento más de la distancia es el paralaje en movimiento. Según te mueves de un sitio a otro, los objetos situados a diferentes distancias se moverán en una dirección dependiente del punto en el que tienes fijada la mirada. Por último, el color y el brillo también pueden afectar en la distancia aparente en la que se encuentra un objeto.

Otro factor que afecta al tamaño percibido es la constancia de tamaño. Este fenómeno se manifiesta en que los objetos de dimensiones conocidas tienden a aparecer constantes en su tamaño, sin importar la distancia a la que estén. Por ejemplo, si estás hablando con un amigo y comienza a andar alejándose de ti, tu amigo no parece ir disminuyendo de tamaño, por más que el ángulo visual tendido sea cada vez menor. La constancia de tamaño también depende de la distancia y, si ésta es lo suficientemente grande, los objetos conocidos parecerán más pequeños. Si alguna vez has mirado al suelo desde un edificio alto, te habrás dado cuenta de que la gente en las aceras y los coches en las calles parecen muy pequeños. La perspectiva también juega su parte en la percepción del tamaño.

En conclusión, a pesar de nuestra habilidad para juzgar las diferencias de distancia y tamaño, en muchos casos nuestra habilidad queda distorsionada por una amplia variedad de factores subjetivos. Lo que resulta realmente interesante es que las ilusiones de tamaño afectan sólo a la percepción visual, y no a los sentidos que controlan nuestros órganos de movimiento. Así,

Rápido test de visión del color
Cierra un ojo y mira a ambos cuadrados de color, cada uno de los cuales contiene una letra E. Si una de las letras parece más oscura ¡puede que necesites gafas! Prueba también con el otro ojo. Este test se basa en la aberración cromática de las lentes de nuestros ojos, que hace que el color rojo se enfoque ligeramente por detrás de la retina y el verde ligeramente por delante. En condiciones cromáticas normales, la aberración pasa sin ser notada, pero ser algo miope o hipermétrope incrementa la irregularidad, haciendo que el color sobrepase los bordes de la letra E.

«Me quitó las gafas y dijo: "Sin las gafas, caramba, ¡eres guapa!". Yo respondí: "Sin las gafas, tú tampoco estás mal del todo".»

Kit Hollerbach

los científicos suponen que hay dos tipos de conexiones visuales: una que concierne directamente a la percepción visual y la otra que implica al control motor.

En las páginas que siguen exploraremos algunas de las cosas que afectan a nuestra habilidad para calcular longitudes, tamaños y formas comparativas, y examinaremos algunas de las propiedades geométricas que inducen esas deformaciones. ¿Cuáles son los principales errores en la percepción del tamaño? Primero, tendemos a percibir cualquier línea o segmento delimitado entre dos ángulos agudos (menores de 90°) más corta de lo que es en realidad, y un segmento delimitado entre dos ángulos obtusos (mayores de 90°), más largo. El segundo error más frecuente es que las líneas paralelas parecen más cercanas unas a otras cuando son oblicuas que cuando están representadas de forma ortogonal. También tendremos en cuenta las ilusiones de alineamiento y las distorsiones perceptivas, mediante las cuales los fondos con patrones repetitivos pueden dominar con tanta fuerza a otras formas geométricas situadas sobre ellos que parecen distorsionadas.

La percepción del color

Como el neurólogo Sir John Eccles aclaró de forma definitiva: ¡el color no existe en la naturaleza! El color sólo comienza a existir cuando nuestros sistemas de percepción producen la impresión de «color»: la luz es percibida en la retina como un estímulo y es procesada como una percepción de color en el cerebro. En resumidas cuentas, los colores ya son una ilusión en sí mismos.

Por ese motivo la sensibilidad al color es individual y los gustos al respecto

difieren de hombre en hombre, de mujer en mujer e incluso de país en país. Culturas diferentes tienen términos diferentes para los colores, y también pueden asignar algunos colores para definir partes ligeramente diferentes del espectro. Estas variaciones en la sensibilidad al color entre los hombres y las mujeres puede haber sido especialmente importante en el pasado, cuando los humanos eran cazadores-recolectores. Una mayor capacidad para distinguir el color puede haber permitido a las mujeres, que solían ser recolectoras, discriminar mejor entre frutos, insectos y follaje.

Efectivamente, no todos tenemos la misma sensibilidad respecto a los colores. Algunas personas no pueden diferenciar en absoluto ciertos tonos o colores. Se trata de un problema de «deficiencia de color» (conocido habitualmente como daltonismo) y lo más habitual es que se herede genéticamente. La deficiencia de color parece darse en un 10 por ciento de los hombres de origen europeo y en aproximadamente el 0'5 por ciento de las mujeres. La deficiencia rojo/verde es la más habitual y origina problemas al distinguir los rojos y los verdes. También existe otra deficiencia de color, azul/amarillo, pero es rara y no existe un test para detectarla. La deficiencia total de color (ver sólo en matices de gris) es extremadamente rara. No existe tratamiento para la deficiencia de color, pero tampoco origina ninguna discapacidad significativa. No obstante, puede ser muy frustrante para las personas que la padecen. Se puede conseguir una evaluación general de la visión del color mediante la prueba de tarjetas de Ishihara.

El color tiene una función especial en el proceso de la visión. Nuestra capacidad para analizar y procesar los colores resulta de tener tres tipos de

«**Quiero que os deis cuenta de que en el mundo natural no existe el color, y tampoco el sonido, ni nada semejante; no hay texturas, ni dibujos, ni belleza, ni olor...**»

Sir John Eccles

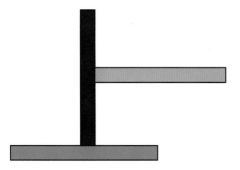

¿Barra amarilla = barra verde?
Estas barras forman el carácter chino que significa «alto». ¿La barra amarilla y la barra verde tienen la misma longitud? Mídelas para comprobarlo.

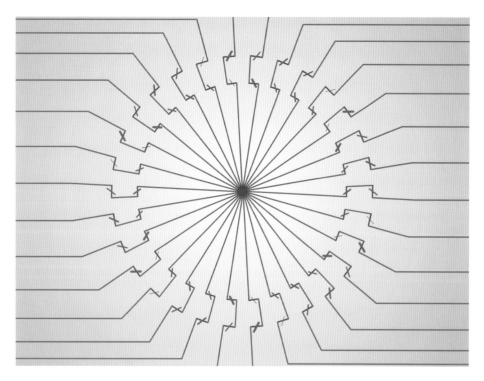

Sigue mis ojos

Mira el centro de la figura geométrica que aquí te mostramos. Fijando tu mirada en el punto central azul, mueve la cabeza adelante y atrás varias veces. ¿Qué sucede? ¡Los círculos concéntricos azules parecen girar en direcciones opuestas! Fotocopia la imagen y pégala sobre un cartón rectangular. Luego, manteniéndola a unos 30 cm de tus ojos, dale un movimiento oscilatorio. ¿Qué ves ahora? Los círculos concéntricos parecen aumentar o encoger, como el diafragma de una cámara, dependiendo de hacia qué lado oscile el cartón.

conos receptores en la retina, cada uno de los cuales posee una sensibilidad diferente a las longitudes de onda de la luz: son receptores a la longitud de onda corta (azul), media (verde) y larga (roja). Pero ver un color implica realizar comparaciones, porque lo que un único cono receptor puede hacer es capturar la luz y analizar su intensidad... ¡no dice nada sobre el color! Debido a la superposición de la sensibilidad a las longitudes de onda, resulta imposible estimular sólo los conos receptores de longitudes de onda media (verde) porque los otros conos deben ser estimulados hasta cierto punto al mismo tiempo. Para ver cualquier color, nuestro cerebro debe comparar la percepción de los demás conos receptores y luego realizar otras muchas comparaciones.

De este modo, a la pantalla de tu ordenador le bastan luces de color rojo, verde y azul para crear la impresión de color. Pero, ¿es posible crearla utilizando sólo dos luces? Edwin Herbert Land, el inventor de la Polaroid, demostró que podemos percibir casi el espectro completo de colores viendo dos láminas monocromas superpuestas: una iluminada con luz roja y la otra con luz blanca. El experimento de Land demostró que la sensibilidad al color de un tipo determinado de cono receptor es relativa y depende de los conos de otras categorías. Asimismo, con otro experimento en el que utilizó parches de color demostró la constancia del mismo, es decir, nuestra tendencia a ver un objeto de un color determinado sin importar el que tenga en realidad. Por ejemplo, si tenemos la esperanza de ver una manzana de color rojo, veremos (o tendremos la impresión de ver) una manzana de ese color, aunque esté demasiado oscuro como para decir cuál es de verdad. Según Land, el ojo y el cerebro (la retina y el córtex) forman un sistema óptico unitario («retinex»), de tal modo que, aparentemente, son nuestros prejuicios los que de forma literal «colorean» el mundo.

El ojo no es un instrumento óptico perfecto debido a la posible aberración cromática de la lente, que amarillea con la edad, y las variaciones de sensibilidad. Sin embargo, combinada con el cerebro, la visión humana es satisfactoriamente fiable y constante. Hemos mencionado algunos efectos creados por el cerebro que condicionan el modo en que vemos el mundo que nos rodea.

Por su parte, la adaptación del color, o asimilación, es la tendencia del ojo a adaptarse en segundos a la principal fuente de luz. Gracias a este efecto el ojo puede, a su vez, identificar con seguridad los colores de los objetos bajo unas condiciones de luz cambiantes. Una persona que viaje en un coche con los cristales tintados puede apreciar este proceso: si el tintado es azul, por ejemplo, al principio el paisaje parecerá bañado por un tinte azul, pero según el ojo va perdiendo sensibilidad a ese color, la vista no tardará en recuperar su percepción normal.

La constancia de luminosidad es por lo general cuando un mismo objeto visto bajo diferentes condiciones de luz nos parece igual. Por ejemplo, una camiseta nos parecerá igual sin importar que la veamos en un día soleado y brillante o bajo la apagada luz de un día nublado. Y ello a pesar de que la longitud de las ondas que alcanzan la retina son diferentes en cada caso. Esto se explica porque la luminosidad del entorno de un objeto por lo general cambia en proporción a los cambios de luminosidad del propio objeto.

La imagen residual es un «fantasma» negativo o complementario de un color que se ve tras una prolongada estimulación del ojo. Una imagen residual se produce, por ejemplo, cuando miramos fijamente un punto negro sobre una superficie blanca durante 20 segundos y luego posamos la mirada en una superficie negra; entonces veremos brevemente un punto blanco flotante. La imagen residual de un punto rojo será de color azul-verdoso, la de uno azul será amarillo-anaranjado y la de uno violeta, verde-amarillento. Las imágenes residuales implican a los nervios ópticos.

Un nervio óptico está compuesto de millones de fibras neuronales que conectan la retina con el cerebro descodificando los estímulos de la retina en tres señales diferentes: diferencia de luz (blanco/negro) o luminancia, diferencia de color rojo/verde y diferencia de color azul/amarillo. Cuando miras durante 20 segundos o más un cuadrado rojo, las células del nervio óptico que transmiten la presencia de rojo y la ausencia de verde estarán en tensión y se saturarán; por consiguiente, cuando el estímulo desaparece de forma repentina, el cerebro interpretará este corte del estímulo como la ausencia de rojo y la presencia de verde haciendo que en tu campo visual aparezca un cuadrado verde. Es una especie de efecto de media vuelta. Resulta interesante saber que la mayoría de los estándares de transmisión de televisión utilizan un sistema de descodificación muy similar, con un canal de luminancia y dos de crominancia.

Se puede obtener un curioso efecto llamado rivalidad retinal estimulando ambas retinas, cada una con un color diferente. Por ejemplo, cuando delante de un ojo se pone un cristal azul y delante del otro uno amarillo o rojo, los dos campos monoculares independientes lucharán por imponerse; la visión aparecerá de forma alternativa de un color y del otro, debido a los grandes problemas del cerebro para resolver las imágenes.

¿Líneas continuas?

¿Son continuas las líneas oblicuas que van de lado a lado del cuadrado? No, pero tienes que mirarlas desde muy cerca para darte cuenta del patrón que siguen.

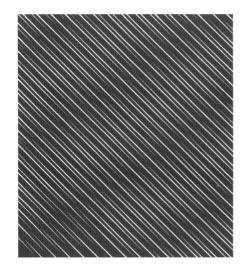

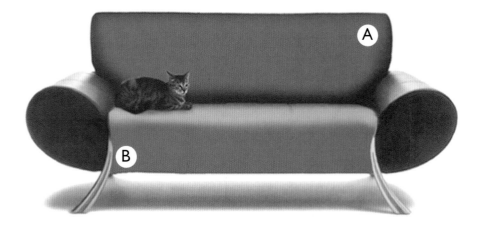

Sofá gris

¿La zona gris A es más oscura que la zona gris B? Aunque tendemos a percibir la zona A más oscura, ambas tienen exactamente el mismo porcentaje de gris. Este experimento demuestra que el brillo percibido no depende sólo de la cantidad de luz que alcanza el ojo desde el objeto observado.

El contraste simultáneo de color es un efecto mediante el cual el contraste entre colores adyacentes se ve reforzado por el ojo. El efecto es especialmente fuerte con un par de colores complementarios, como rojo y verde o naranja y azul. Si estos colores se ponen juntos, el contraste es tan fuerte que se puede producir un titileo y el ojo experimenta una importante incomodidad. El contraste simultáneo de luminosidad es un efecto en el cual un color de un brillo dado parecerá más oscuro ante un fondo claro, pero será más claro ante un fondo oscuro. El contraste simultáneo depende de la inhibición lateral de nuestro sistema visual.

Algunos fotorreceptores de la retina se activan cuando detectan luz, mientras que otros lo hacen en ausencia de luz. Por lo general, estos dos tipos se rodean mutuamente y están repartidos por toda la retina, creando campos receptores. A menudo, la luz puede caer en ambos fotorreceptores a la vez, haciendo que los dos se pongan a competir entre sí. Una parte del campo receptor quiere volverse activa, mientras que la otra no. Esta interacción competitiva se llama inhibición lateral. Dada esta naturaleza antagonista de los campos receptores, se pueden producir ilusiones de percepción, como la ilusión de rejilla de Lingelbach o la de Herman, si miramos a ciertos diseños con colores contrastados.

Como los colores cálidos (rojizos) tienden a avanzar hacia nuestro campo visual y los colores fríos (azulados) a retroceder, los objetos pintados de naranja y rojo parecen ser ligeramente más grandes que los pintados con azules y verdes. Los coches o autobuses pintados de rojo pueden parecer más largos de lo que son en realidad, pero una habitación pintada de rojo parecerá más estrecha que una pintada de azul. El motivo de este efecto es la aberración cromática, un problema asociado con las lentes (incluida la que utiliza el ojo humano para enfocar la luz), debido a la cual la luz es refractada en cantidades diferentes dependiendo de su longitud de onda. El resultado es que el amarillo es el único color que puede ser enfocado perfectamente por el ojo normal, siendo el rojo enfocado ligeramente por detrás de la retina y el verde por delante. La segunda razón puede ser que entren en juego elementos asociativos. Por ejemplo, el azul puede parecer que retrocede debido a que en nuestra memoria dicho color está asociado a la distancia (el cielo, el mar, las distantes montañas). El valor (el brillo o la oscuridad relativos)

«¿Qué es la mente, sino movimiento en la esfera intelectual?»

Oscar Wilde

de un color también afecta a nuestra percepción del peso de un objeto.

En las páginas que siguen experimentarás algunos efectos relacionados con el color: ilusiones de color y brillo, el efecto esparcidor de color del neón, el efecto titilante rejilla, la ilusión de Kanisza, el efecto de relleno de Boynton...

Anómalas ilusiones en movimiento

¿Cómo es posible crear la ilusión de movimiento con imágenes geométricas y estáticas? Existe una rama del arte moderno llamada Op'art (abreviatura de *Optic Art* o Arte óptico) que se basa en las ilusiones ópticas. Las pinturas Op'art juegan a menudo con interferencias ópticas y la trama para crear colores y movimientos ilusorios. El precursor del Op'art fue Victor Vasarely, un artista húngaro; pero el artista Op'art más conocido quizá sea Bridget Riley. Siguiendo el camino abierto por Vasarely, Riley ha pintado diversas obras que consisten sólo en líneas blancas y negras. Los cuadros de Riley representan un mundo geométrico irreal que con frecuencia da la impresión de movimiento o color.

Las ilusiones de movimiento anómalo o aparente se basan en la alternancia de contrastes ópticos (claro/oscuro, vertical/horizontal, izquierda/derecha) para crear una perturbación, como cuando una sobrecarga afecta los circuitos retinales, lo que puede hacer, entre otras cosas, que nuestra visión titile. Se han realizado diversos análisis de las ilusiones de movimiento aparente. La interpretación más obvia recurre a lo que los científicos de la imagen en ordenadores llaman el «flujo óptico». A día de hoy, apenas podemos mencionar cuatro familias diferentes de movimiento relativo o efectos cinéticos:

- Movimientos fantasma, como flujos, intermitencias o apariciones repentinas de patrones.
- Imágenes flotantes, como la ilusión Ouchi.
- Imágenes rotatorias, como la ilusión de B. Pinna y G. Brelstaff.
- Imágenes que se mueven por sí solas o rotan de forma espontánea, como ilusiones periféricas de deriva.

A continuación analizamos dos de ellas, la ilusión rotatoria de Pinna y la ilusión periférica de deriva.

La ilusión rotatoria de Pinna

La ilusión rotatoria Pinna-Brelstaff consiste en dos (o más) anillos concéntricos de líneas inclinadas o formas geométricas. Cuando un observador se mueve hacia la imagen, los dos anillos o formas geométricas parecen rotar en direcciones opuestas. La ilusión es óptima cuando hay 66° de diferencia en la orientación entre los elementos que componen los anillos interior y exterior. La ilusión puede anularse introduciendo una rotación física opuesta a la dirección del movimiento ilusorio. En otras palabras, los patrones geométricos que en realidad están girando en direcciones opuestas son percibidos como estacionarios. Tres son los factores que pueden causar esta ilusión: el perfil de luminancia, la dirección angular de las formas y una mala integración de las señales de movimiento en nuestro cerebro.

La ilusión periférica de deriva

Esta ilusión fue descrita por primera vez por los científicos A. Fraser y K. Wilcox, y por J. Faubert. La más conocida de estas ilusiones ópticas de deriva,

Imágenes ambiguas antiguas
Monedas griegas, fechadas hacia 550-500 a. C.

diseñada por A. Kitaoka, se llama *rotating snakes* («serpientes rotatorias»). Consiste en patrones repetidos concéntricos de blanco, amarillo, negro y azul que producen una sorprendente sensación de movimiento. Lo que hace tan interesante a esta ilusión es el hecho de que estás experimentando movimiento en la periferia, aunque te estés dando cuenta de que los objetos ¡no se mueven en absoluto! Hemos descubierto que si retocamos la imagen de «serpientes rotatorias» utilizando la herramienta «umbral» de un programa de retoque fotográfico, aparece el punto más oscuro de la imagen y entonces la ilustración muestra patrones radiales de flujo óptico.

Mientras la visión periférica muestra movimiento en todo el campo de la imagen, concentrarse en una parte concreta de la ilusión muestra que ésta es estática. No existen respuestas definitivas que expliquen este fenómeno, pero las principales característica de la ilusión son:

1. La ilusión de movimiento aparece en dirección de una región negra hacia otra gris oscuro, o desde una región blanca hasta la adyacente región gris claro. Los colores indican la dirección de la ilusión de movimiento: del negro al gris oscuro y del blanco al gris claro.
2. Se produce en la visión periférica. El objeto en el que nos concentramos aparece estático.
3. Se produce con estímulos en los bordes. Los estímulos con perfiles de luminancia suaves producen ilusiones débiles.
4. Se produce bien con bordes fragmentados o bien curvos. Los estímulos generados por bordes largos son débiles.
5. Puede ser provocada por movimientos titubeantes involuntarios de la vista.

Figuras ambiguas, biestables o de completar

¿El cerebro representa el mundo de forma precisa y sin ambigüedades? En realidad todos los impulsos que recibe el cerebro son, hasta cierto grado, ambiguos, lo que permite múltiples interpretaciones. Ésta es la razón por la que existen poetas, artistas, cantantes... La capacidad para percibir y ofrecer diferentes significados de nuestro entorno es parte de la condición humana.

¿Qué son las figuras ambiguas? En pocas palabras, las figuras ambiguas son «dos figuras en una»: si miramos de un modo es una cosa (por ejemplo, un jarrón), si miramos de otro modo es otra cosa diferente (por ejemplo, dos caras de perfil). De algún modo son similares a las figuras biestables, en el sentido de que hay dos modos de interpretarlas, pero las figuras biestables no contienen dos temas diferentes, sino un único objeto que cambia de perspectiva (por ejemplo, el cubo de Necker).

Una de las figuras ambiguas más antiguas representa la cabeza de dos jabalíes enfrentados que a su vez forman el rostro de una pantera visto de frente. Fue acuñada en una moneda de Lesbos (Grecia) hace 2.500 años.

Las figuras ambiguas llevan mucho tiempo fascinando a artistas, niños y a quienes les encantan las sorpresas. El ejemplo más famoso de ambigüedad en una pintura es la sonrisa de la *Mona Lisa,* de Leonardo da Vinci. En su libro *La historia del Arte,* Ernst Gombrich dice: «Incluso en las fotografías del cuadro experimentamos este extraño efecto, pero cuando uno se encuentra delante del original en el Louvre resulta asombroso. En ocasiones parece que se burla de nosotros y, de repente, captamos en su sonrisa algo de tristeza».

«Una chica me llamó el otro día y me dijo: "Ven, no hay nadie en casa". Fui a verla. Nadie estaba en casa.»

Rodney Dangerfield

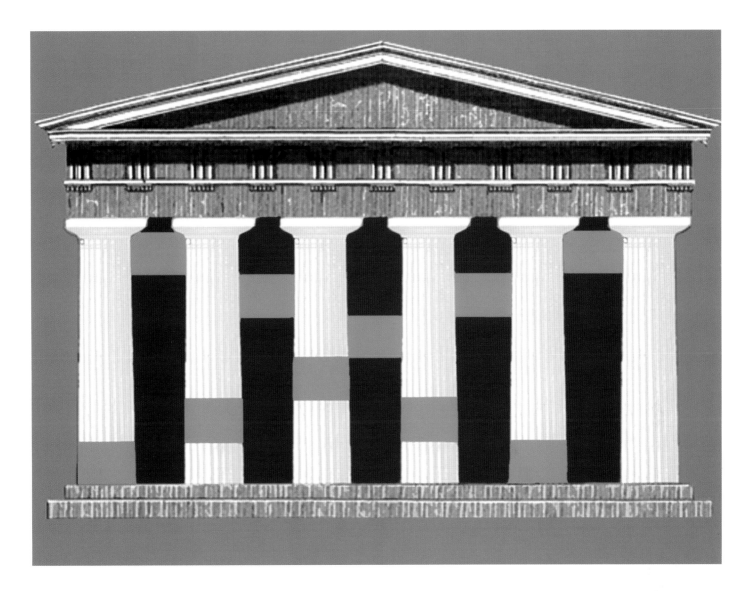

Las figuras ambiguas, es decir, imágenes equívocas o imágenes metamórficas, son especialmente interesantes para la investigación sobre el pensamiento. Ello se debe a que ejemplifican el hecho de que el mismo concepto en ocasiones puede conducir a representaciones muy diferentes, lo cual sugiere que el cerebro está implicado activamente en la interpretación de lo que vemos, más que recogerlo de forma pasiva. Un aspecto curioso de las figuras ambiguas es que una vez que has percibido ambas figuras es imposible concentrarse sólo en una de ellas sin conseguir que la otra no «aparezca» de vez en cuando. De hecho, nuestro cerebro resuelve la ambigüedad visual mediante la oscilación.

Las figuras ambiguas incluyen ilusiones de figuras-suelo, ambigramas y lo que llamaremos figuras de completar. Las ilusiones de figuras-suelo son aquellas que cambian en torno a la figura principal y su fondo. Los ambigramas son palabras o frases gráficas que pueden leerse de más de un modo. Las figuras de completar son patrones que el cerebro interpreta de un modo concreto a pesar de que la información recibida es incompleta con relación a lo que generalmente se percibe.

En la década de 1950 se creó un cierto tipo de figuras de completar, llamadas *droodle,* para entretener a los amantes de los acertijos y los lectores de las revistas. Se trata de imágenes

Los colores del templo

Estudia los rectángulos de púrpura claro que hay en el templo griego. ¿Tienen todos el mismo tono o hay algunos que parezcan más oscuros que otros? En realidad todos tienen el mismo tono. Los objetos tienen tendencia a parecer más oscuros cuando se colocan sobre un fondo claro y luminoso, y viceversa.

donde unas líneas más bien abstractas venían acompañadas por la pregunta implícita: «¿Qué es?». Un comentario humorístico (por lo general una descripción divertida) conseguía que al final la imagen fuera obvia. Las figuras de completar y los *droodles* se basan en la «pareidolia», una tendencia innata de los humanos a imponer patrones sobre formas aleatorias o ambiguas. El astrónomo Carl Sagan afirmaba que esta tendencia a ver caras en tortillas, nubes, pastelillos de canela y cosas similares es un rasgo de la evolución. Escribió: «En cuanto un bebé puede ver, reconoce caras, y ahora sabemos que ese rasgo está integrado en nuestro cerebro. Los bebés de hace un millón de años que eran incapaces de reconocer una cara sonreían menos, era menos probable que se ganaran el corazón de sus padres y menos probable que prosperaran. En la actualidad, casi cualquier niño es rápido a la hora de identificar un rostro humano y responder con una sonrisa boba» (Sagan, 1995).

Darle significado a formas abstractas también puede ser un modo de ejercitar nuestra capacidad de pensar. El propio Leonardo da Vinci recomendaba ese método de invención como un modo práctico de «abrir la mente y dejarle percibir los olores de nuevos pensamientos». Una vez escribió: «Si miras a un viejo muro cubierto de suciedad o la extraña forma de algunas piedras veteadas, puedes descubrir cosas como paisajes, batallas, nubes, actitudes poco habituales, caras divertidas, paños…».

Figuras imposibles
Las figuras imposibles son una evolución con respecto a las figuras ambiguas, que son más simples. Cuando observamos una figura bidimensional sobre el papel, a menudo la interpretamos como una figura tridimensional. Esta insistencia en ver los objetos como si fueran tridimensionales puede llevar a interesantes problemas de percepción.

Un objeto imposible, también llamado figura indecible, es un objeto que no puede existir de acuerdo a las leyes conocidas de la física, pero que tiene una descripción o representación que sugiere, a primera vista, que puede ser construido. Generalmente, los objetos imposibles dependen de la ambigua conectividad posible en los dibujos a línea. Nos gusta llamar a estos objetos improbables «figuras Frankenstein», porque se crean reuniendo dos o más puntos de vista en el mismo objeto, o extendiendo y mezclando la perspectiva de un objeto con la de otro. Algunas figuras imposibles no son obvias de inmediato. Tienes que concentrar tu atención en una zona concreta de la representación del objeto (la línea de fusión de las perspectivas que se unen) para comprender que no puede realizarse. La paradoja es que si estudias una zona lo suficientemente pequeña del dibujo, la extrañeza desaparece. Esto significa que la «imposibilidad» no está aquí o allá, sino en el objeto en conjunto. Esta paradoja puede ilustrar a la perfección el principio filosófico que dice que «el total es completamente diferente a la suma de las partes».

Cuanto más normal parezca el objeto imposible, ¡más fascinante se vuelve! Las figuras imposibles no se crean para desconcertar a nuestros ojos (su estructura debe parecer coherente y lógica), sino que están diseñadas para confundir a nuestro cerebro. La característica «indecible» de estas figuras depende invariablemente de que sean interpretadas como proyecciones

«¿Qué sucedería si todo fuera una ilusión y nada existiera? En ese caso, no cabe duda de que he pagado de más por mi alfombra.»

Woody Allen

bidimensionales de lo que sería un objeto tridimensional imposible. El artista Maurice Escher es conocido por sus muchos dibujos que contienen figuras indecibles, siendo en ocasiones todo el dibujo una figura imposible. Oscar Reutersvärd, otro destacado artista, estuvo toda su vida explorando el mundo de las figuras imposibles, creando un prodigioso corpus de obras a lo largo de su dilatada carrera. Importantes figuras indecibles modernas son:

- Cubo imposible.
- Las escaleras Penrose.
- El triángulo Penrose.
- Blivet (o el tridente del diablo).

No debemos olvidar incluir a la lista las orejas de Mickey Mouse. Sí, se trata de unas orejas que no siguen las normas básicas de la perspectiva. Niños y adultos estamos tan acostumbrados al aspecto de este dibujo que no nos damos cuenta de que sus orejas son en realidad ¡una figura imposible!

Las figuras imposibles tienen una larga historia. En el año 1025, un artista europeo desconocido dibujó sin quererlo el primer ejemplo conocido de la historia del arte de una figura imposible (tres pilares imposibles) al pintar *Madonna a Gyermekkel (Madonna con niño o Adoración de los Magos)*. Otro ejemplo de un objeto artístico imposible (una horca), fue pintado por Pieter Brueghel en *La urraca en la horca* (1568). No obstante, el primer artista que deliberadamente usa mal la perspectiva para crear un paisaje absurdo e imposible es el famoso pintor inglés William Hogarth (1697-1764), cuya obra *Absurdeces de perspectiva* era la cubierta del libro de J. J. Kirby *El método del Dr. Brook de la perspectiva hecha fácil tanto en la teoría como en la práctica* (1754). El objetivo del libro era enseñar a la gente a dibujar en perspectiva, de modo que el pie de página decía: «Cualquiera que haga un dibujo sin conocimientos de perspectiva será el responsable de absurdeces semejantes a las que se ven en esta cubierta».

Paradojas: ilusiones verbales y acertijos que se desvanecen

Las ilusiones y los acertijos de percepción basados en falsas ideas y falsas percepciones pueden resultar útiles a la hora de atraer a la gente a explorar y realizar cuestiones de lógica y matemática. En las páginas siguientes podrás experimentar el persuasivo poder de las imágenes y aprender cómo una imagen puede hacer que tu capacidad de razonar cambie. También aprovecharemos la oportunidad para tratar con imágenes autorreferenciales y palabras gráficas.

¿Qué es exactamente un acertijo que se desvanece? Los acertijos que se desvanecen (los hemos rebautizado acertijos estereofánicos) existen desde hace cinco siglos, ¡pero continúan asombrando a todo el mundo! Pueden ser de dos tipos: acertijos que se desvanecen figurativos y acertijos que se desvanecen geométricos.

Por su parte, los acertijos que se desvanecen figurativos implican la ordenación de partes de un acertijo que representa una escena con una serie de elementos (personas, cosas, animales, etc.), de modo que una vez terminada la ordenación desaparece (o reaparece) un elemento de la escena. Por su parte, los acertijos que se desvanecen geométricos implican o bien la aparente desaparición de una parte de su superficie o una aparente reducción de área cuando se redistribuyen las partes del acertijo. El primer ejemplo de

«Sólo afeito a hombres que no se afeitan ellos mismos.»

Paradoja de Russel

acertijo con áreas que se desvanecen fue descubierto en el *Libro d'architettura primo,* de Sebastiano Serlio, un arquitecto italiano del Renacimiento (aunque Serlio no se diera cuenta de que había desaparecido ninguna área). La primera descripción y explicación de esta paradoja se encuentra en un libro de acertijos matemáticos con un título muy largo: *Divertimentos racionales en los cuales los principios de los números y la filosofía natural son clara y copiosamente elucidados mediante una serie de experimentos fáciles, entretenidos e interesantes, entre los cuales se encuentran todos los que se suelen hacer con naipes,* escrito por William Hooper en 1774.

Dado su impacto visual, los acertijos que se desvanecen son realmente sorprendentes, pero su mecanismo es bastante simple: la parte (figura, superficie) que desaparece sencillamente se redistribuye de forma diferente entre las restantes partes del acertijo; lo cual confirma la ley de Lavoisier, que dice así: «En la naturaleza nada se crea, nada se pierde, todo se transforma».

La magia se basa en la persuasión visual de que el acertijo es realmente diferente tras manipularlo. En realidad los acertijos que se desvanecen son

Puntos intermitentes que desaparecen

Pasa la vista alrededor del círculo azul y verás que los puntos amarillos se ponen intermitentes. Si te quedas mirando a un punto amarillo durante algún tiempo, los demás desaparecerán, excepto los que están muy cerca del punto que miras. Se trata de una variante de la ilusión conocida como la rejilla de Herman. Cuando los puntos amarillos no están en la zona central de la visión del observador, desaparecen gradualmente.

sólo un aspecto de la percepción de los mismos. En este libro encontrarás algunos juegos y trucos de magia nuevos que implican directamente la percepción visual o la memoria visual.

Por su parte, una autorreferencia tiene lugar cuando un objeto se refiere a sí mismo. La referencia es posible cuando hay dos niveles lógicos de interpretación, que en ocasiones pueden interferir uno con otro (contradicción). El filósofo Heráclito de Éfeso *(Herakleitos,* en griego) es reconocido como uno de los primeros filósofos en utilizar autorreferencias en su dialéctica, como en estas afirmaciones:

- «Nada resiste, sino que cambia».
- «Espera lo inesperado».

La lógica elíptica de sus aforismos le mereció al filósofo Heráclito el epíteto «oscuro».

Muchas paradojas autorreferenciales se ocultan en nuestro hablar diario («hay algo que te tengo que decir antes de que empecemos a hablar...»). Son como ilusiones ópticas: parecen normales, pero cuando las examinas de cerca ¡la incongruencia se vuelve evidente! Algunas afirmaciones autorreferenciales pueden llevar a paradojas. La más conocida paradoja autorreferencial, llamada la «paradoja del mentiroso», es un argumento que lleva a una contradicción razonando sobre una «frase que miente». La clásica «frase que miente» es la siguiente:

- «Esta frase es falsa».

En realidad, «esta frase» no es ni cierta ni verdadera. Expertos en el campo de la lógica filosófica nunca se han puesto de acuerdo en cómo resolver el problema, a pesar de llevar 2.300 años pensándolo.

«Una mesa con una pata rota sigue siendo una mesa. Pero una mesa a la que se le han quitado las cuatro patas se convierte en una tabla de madera. ¿En qué momento deja de ser una mesa?»

Carlo Suares

Parte I

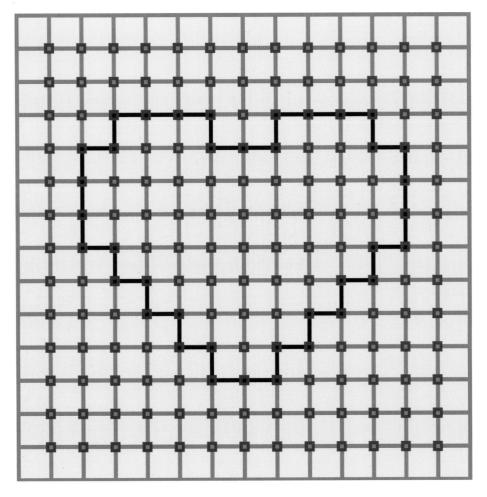

Corazón de neón

¿Puedes ver un corazón de neón naranja con un brillante halo a su alrededor? Mira la figura desde una buena distancia. El color del fondo es perfectamente uniforme. El color naranja aparece por la interacción de las líneas negras con el fondo amarillo y el aparente halo blanco, por la interacción de las líneas azules con los pequeños cuadrados negros.

Sólo dos anomalías
Ha habido una fiesta. ¿Dónde está la
botella? ¿Ves alguna otra cosa rara?

El test de las nubes

Con sólo un trazo transforma estas nubes en un bosque.

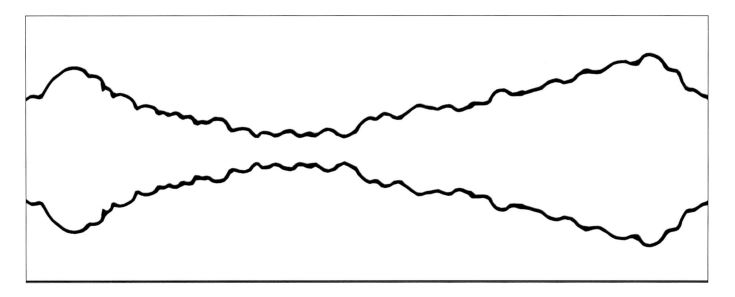

Templo griego

Corta el rompecabezas (¡cópialo
primero!) en dos para conseguir que una
columna del templo desaparezca cuando
las piezas estén perfectamente dispuestas.
¿Piensas que es imposible?

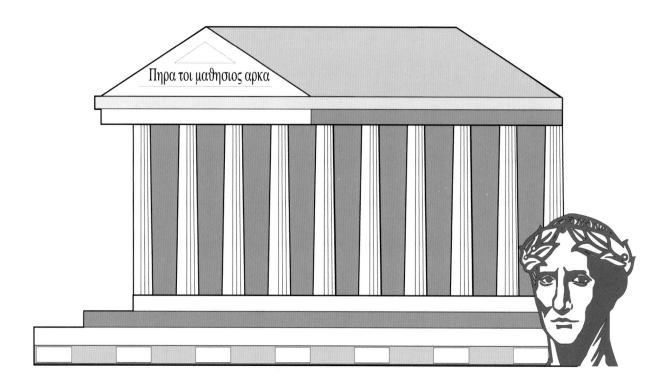

Πηρα τοι μαθησιος αρκα

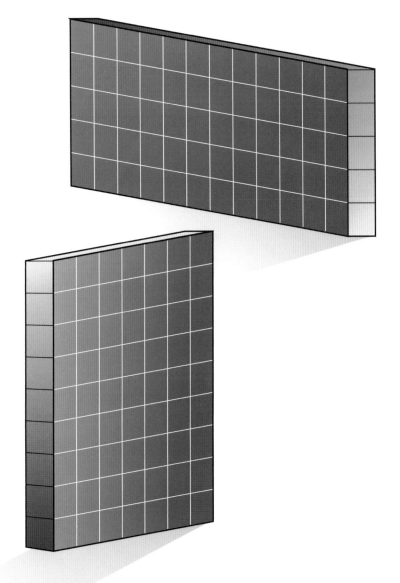

Muros bajos

¿Las superficies azules de estos dos muros bajos son diferentes? ¿Puedes calcular su área?

Test de encaje visual
¿Qué forma (A, B o C) encaja
exactamente en el hueco pentagonal?

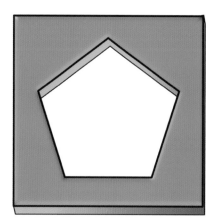

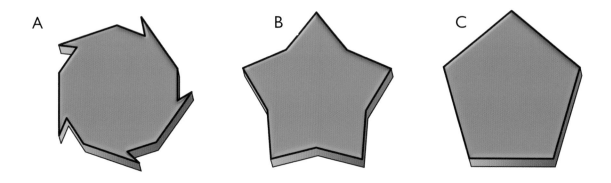

A   B   C

Rupturas imposibles

En una tira de papel haz dos incisiones, como se ve en la imagen. Sujeta la tira por los extremos y estira para romperla. ¿Qué probabilidades hay de que la pieza central, marcada con una X, se caiga: 1/3, 2/3 o 3/3?

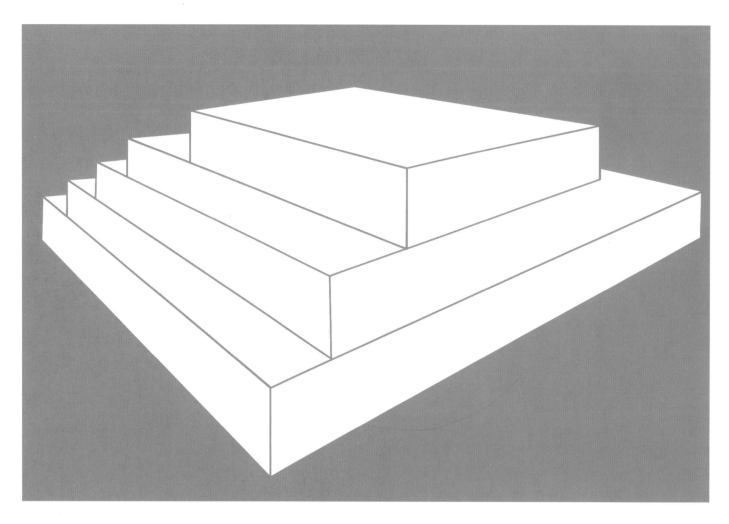

Escalera imposible

¿Crees que una escalera así es posible?

Flechas

¿La flecha roja es más corta o más larga que la flecha azul?

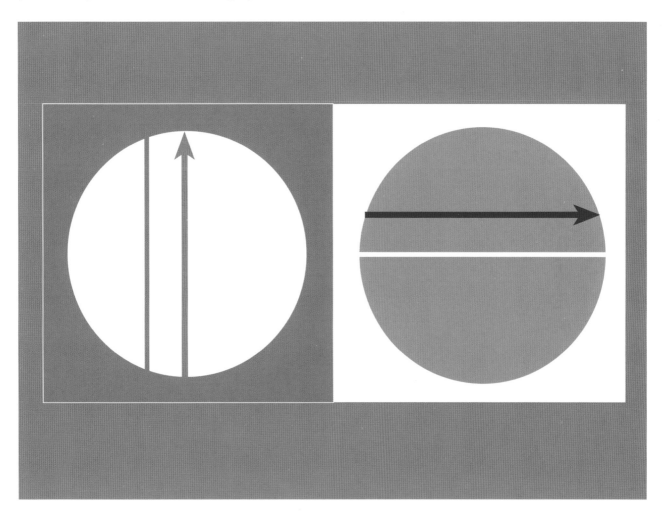

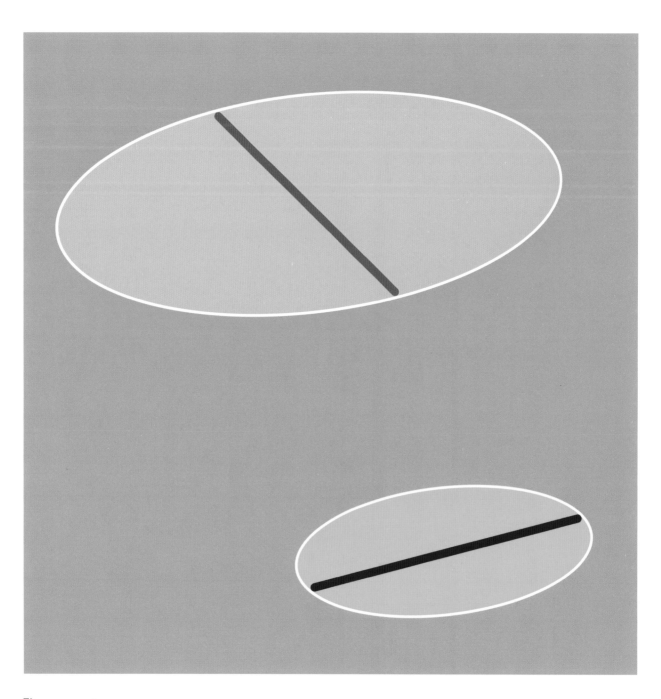

Elipses engañosas

¿Qué línea parece más larga, la roja o la azul?

¿Línea A = línea B?

¿Las líneas A y B realmente tienen la misma longitud?

Líneas curvas

¿Qué segmento posee el mayor radio de curvatura, A o B?

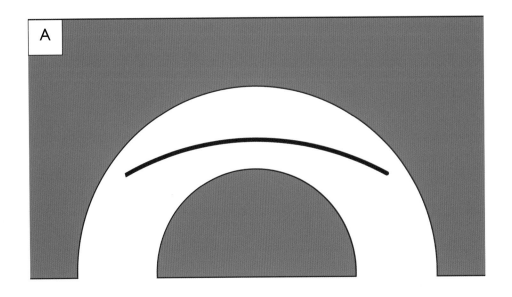

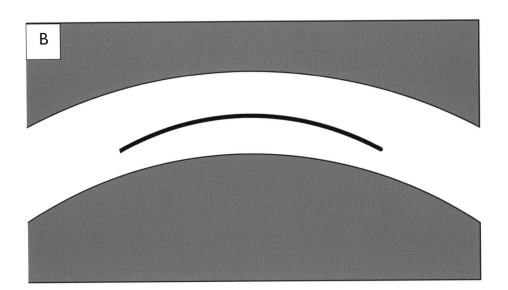

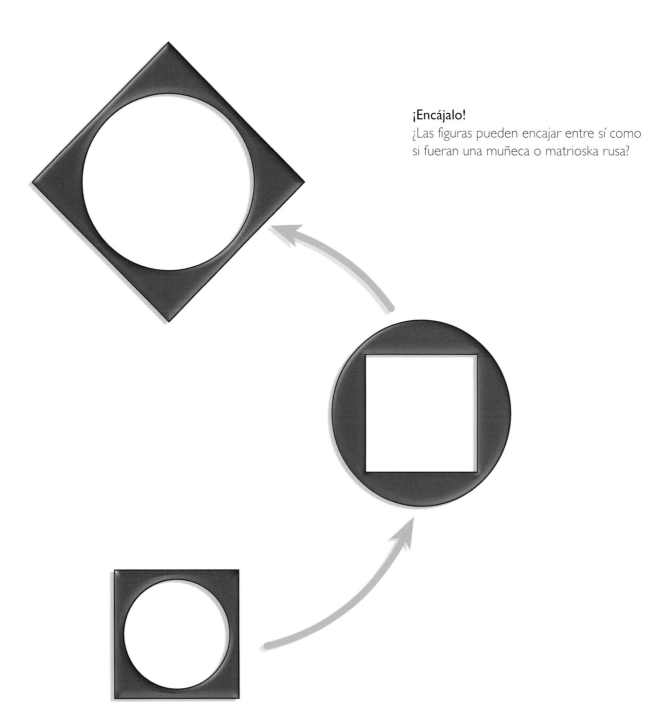

¡Encájalo!
¿Las figuras pueden encajar entre sí como si fueran una muñeca o matrioska rusa?

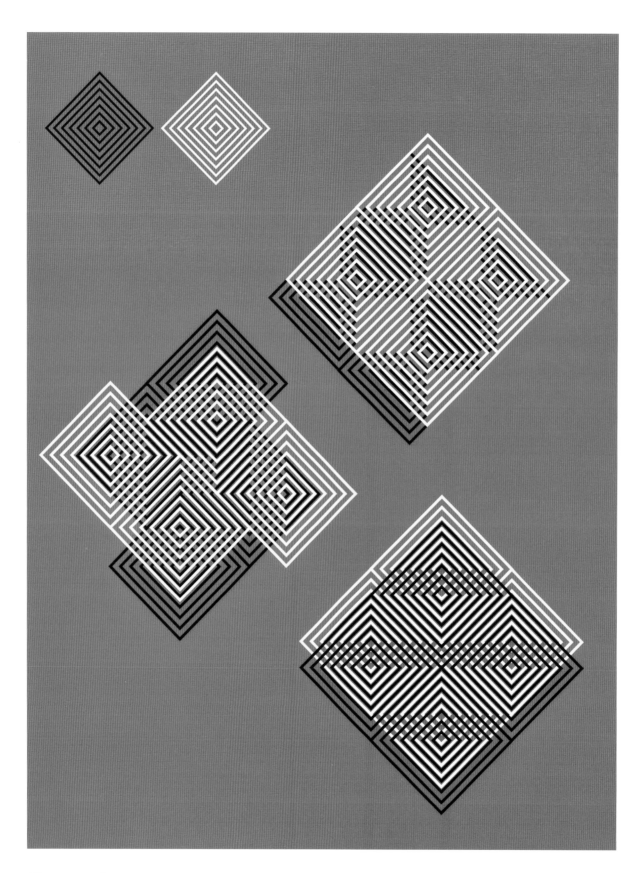

Efectos visuales geométricos
Interesantes efectos geométricos con cuadrados concéntricos.

¿Línea A = línea B?

¿Las líneas A y B tienen la misma longitud?

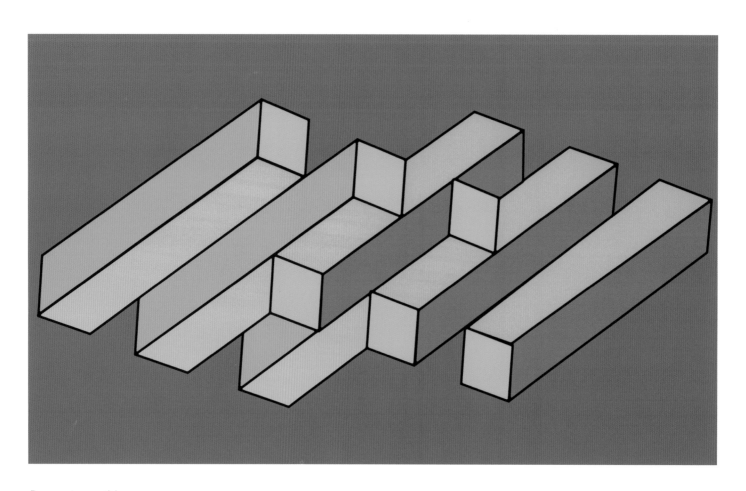

Barras imposibles

¿Que grupo de barras está
encima de la figura y que
grupo permanece debajo?

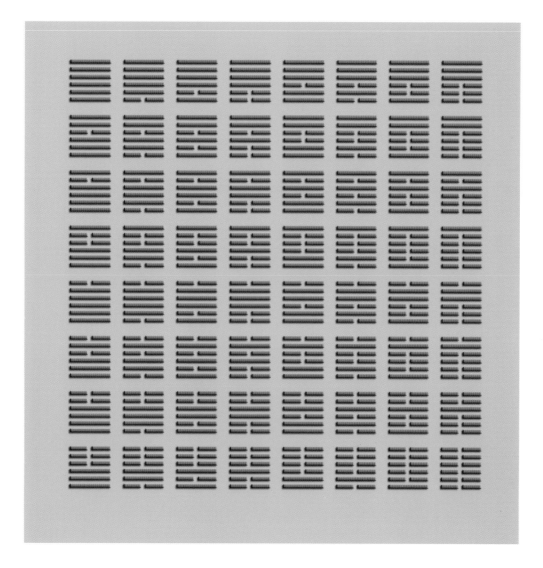

I Ching vibratorio

En la imagen aparecen representados los 64 grupos del I Ching. Estos antiguos símbolos forman parte de la filosofía china, pero también pueden producir ilusiones ópticas. ¿Ves puntos grises entre los símbolos del I Ching? ¿Percibes algún flujo vertical? Estos efectos vienen inducidos por la inhibición lateral de nuestro sistema visual.

Lado A = lado B

¿Qué lado parece más corto, el lado
A o el lado B?

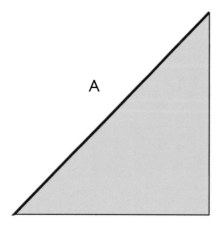

¿Línea A = línea B?

La línea B parece más larga. ¿Estás seguro
de que es así?

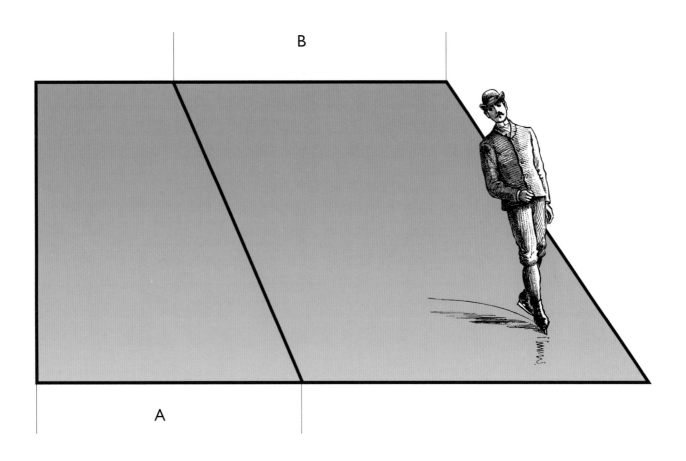

Efecto visual

Se trata de un ambigrama: si le das la vuelta a la página, puedes leer lo mismo.

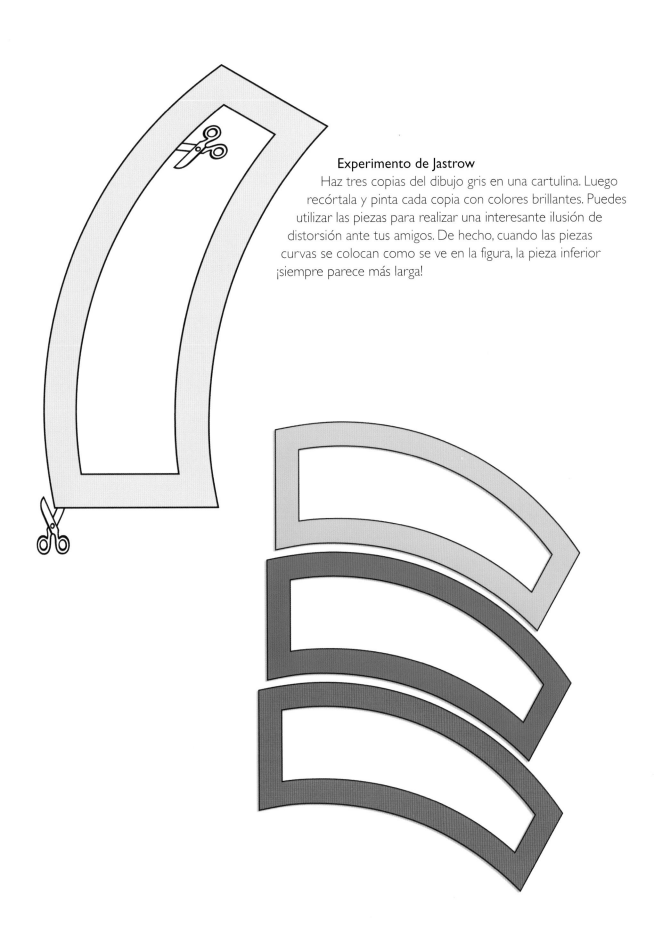

Experimento de Jastrow

Haz tres copias del dibujo gris en una cartulina. Luego recórtala y pinta cada copia con colores brillantes. Puedes utilizar las piezas para realizar una interesante ilusión de distorsión ante tus amigos. De hecho, cuando las piezas curvas se colocan como se ve en la figura, la pieza inferior ¡siempre parece más larga!

Soluciones I

Página 24

La botella está oculta entre los dos vasos. La otra cosa extraña es que resulta imposible decir si el candelabro tiene dos o tres brazos.

Página 25

Aquí tienes un bosque reflejado en un lago de montaña. Basta con añadir una línea horizontal de lado a lado del dibujo para obtenerlo.

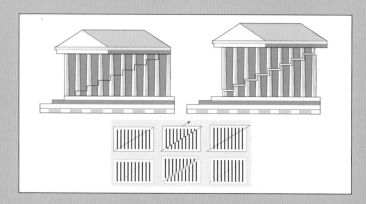

Página 26

Si sigues el siguiente esquema, obtendrás lo que se pide en la pregunta.

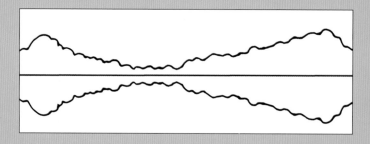

Página 27

Visualmente, el primer muro parece tener una área de 60 cuadrados (12 × 5), y la del segundo es de 63 cuadrados (7 × 9). Pero en realidad ¡las superficies azules son idénticas en forma y tamaño, aunque parezcan diferentes! El ejercicio está relacionado con la ilusión del «paralelogramo cruzado». Para encontrar la verdadera área de las superficies azules, debes multiplicar su base por la altura.

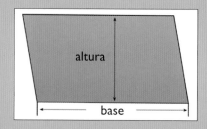

Página 28

¡La forma A! Las otras dos es imposible que encajen dentro.

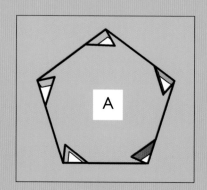

Página 29

La probabilidad de que la pieza central marcada con una X caiga es ¡0/3! Es un ejemplo de un uso inadecuado de las probabilidades para un acontecimiento físico. Simplemente estamos equivocados por nuestro sentido común.

Página 31

La flecha roja mide lo mismo que la flecha azul.

Página 32

La línea azul es más larga que la roja. ¡Mídelas para comprobarlo!

Página 33

Sí, las dos líneas tienen la misma longitud.

Página 34

De hecho, los segmentos de arco son idénticos. Es el contexto en el que se coloca el arco el que determina su apariencia.

Página 35

No, ninguna encaja en ninguna. Para comprobarlo puedes fotocopiarlas, recortarlas e intentarlo.

Página 37

Sí, tienen la misma longitud, a pesar de que parezcan diferentes. Se trata de una variante de la ilusión de Ponzo.

Página 38

Resulta imposible determinar qué grupo de barras está encima. Se trata sólo de una figura imposible.

Página 40

La hipotenusa A del triángulo parece más corta que el lado B del cuadrado. No obstante, tienen la misma longitud.

Página 41

Efectivamente, línea A = línea B.

Página 42

Los ambigramas se pueden realizar con palabras o también con frases enteras, que en algunas ocasiones pueden cambiar el significado si están en un sentido o en otro.

Parte II

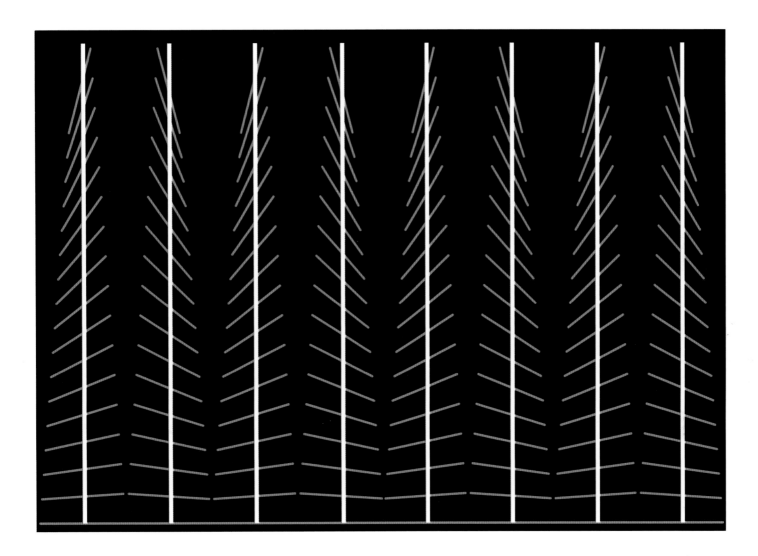

Líneas distorsionadas

¿Las líneas están torcidas en la parte superior?

¡No, es sólo una ilusión!

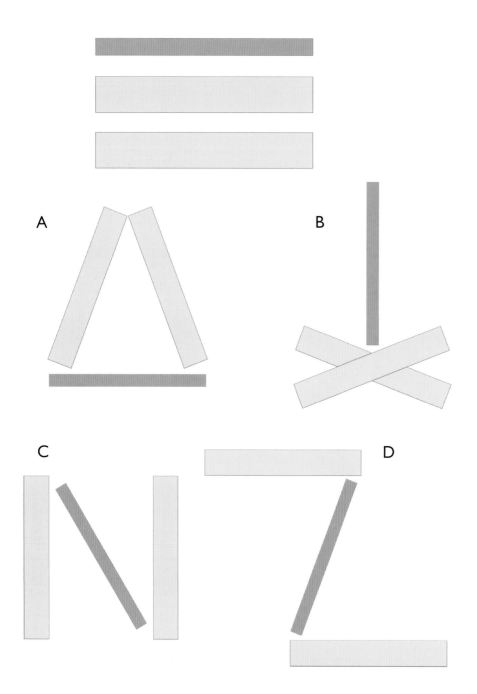

Tiras de papel

Haz dos grupos de tres tiras de papel, como se ve en la figura, y forma, una tras otra, las figuras A y B. Resulta extraño, pero en la configuración A, la tira de papel más delgada parece más pequeña que las tiras gruesas; en cambio, en B el efecto se invierte. Por último, haz las figuras C y D; curiosamente, la tira de papel de en medio parece más larga en la configuración D. Puedes mostrar este experimento a tus amigos.

A

B

C

D

Escalera imposible 2

¿Crees que una escalera así es posible?

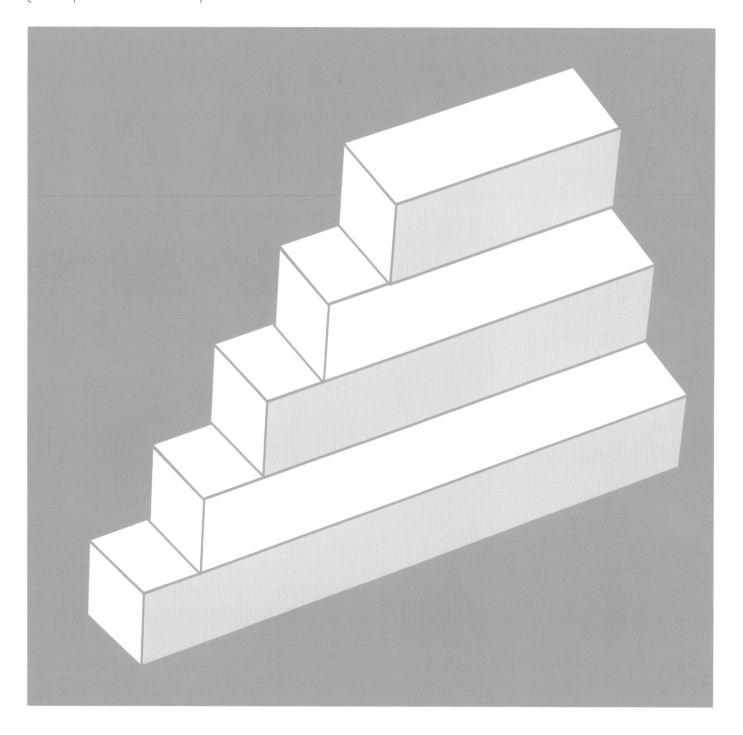

444444

888888

Cuatros y ochos

Considera las dos filas de números.
¿Los 4 tienen el mismo grosor? ¿Y los 8?

A

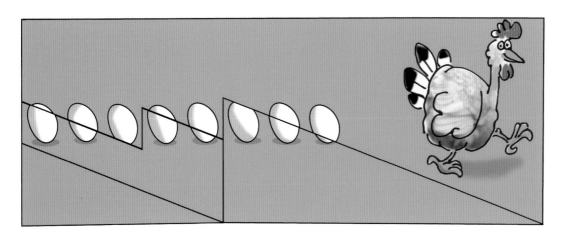

Gallina aturdida y acertijo con huevos

¿Qué fue primero, la gallina o el huevo? El problema es: ¿quién le ha robado un huevo a Chiquita, nuestra gallina favorita? Como puedes ver en el rompecabezas de cuatro piezas A, hay ocho huevos. Ahora bien, si cambiamos algunas de las piezas, como en B, junto a uno de los huevos desaparece una parte del rompecabezas; pero la parte que falta ¡no contiene un huevo!

¿Cómo lo puedes explicar?

B

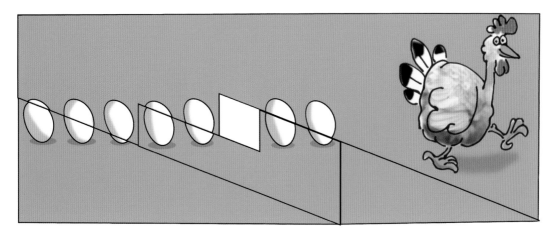

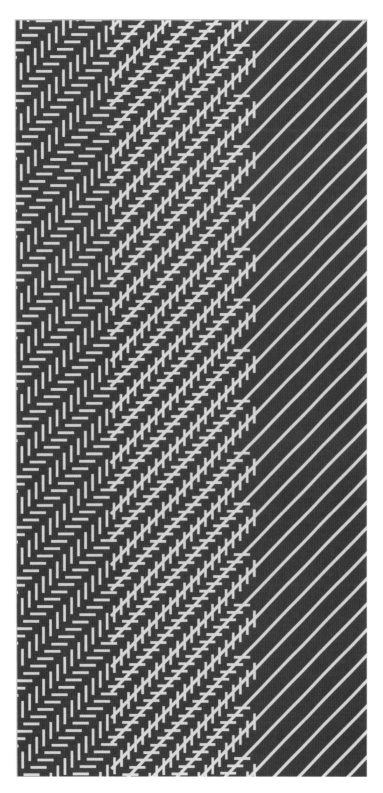

Zöllner revisitado

La conjunción de líneas paralelas y grupos de trazos oblicuos crea una interesante ilusión de distorsión.

Trazar una estrella

Primero fotocopia la estrella. Luego coge un lápiz y traza una línea por dentro de sus bordes mientras miras el dibujo en un espejo. Para no mirar al papel, puedes esconder el dibujo con un libro, como se muestra en la ilustración. ¿Te parece sencillo?

¿Foca o...?

¿Puedes ver el modo de transformar un mamífero marino
en un animal volador?

Soledad

¿La anciana está realmente sola? ¿Cuántas personas hay
con ella?

¿Alineados?

¿Qué segmentos, los fucsias o los verdes, no se encuentran alineados correctamente para formar una línea recta?

Líneas

¿La línea azul es más larga que cualquiera de las
líneas rojas?

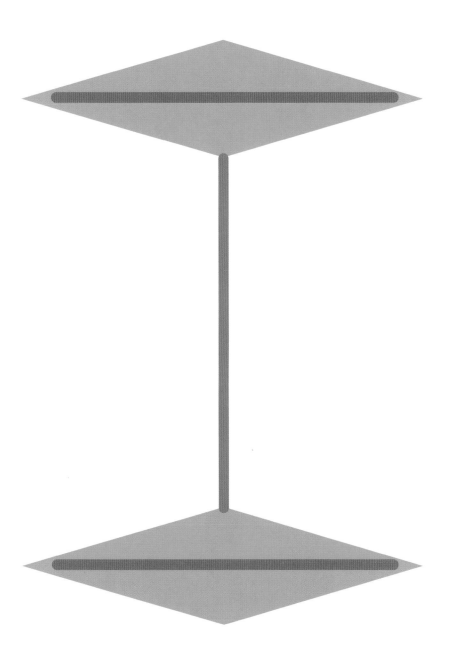

A

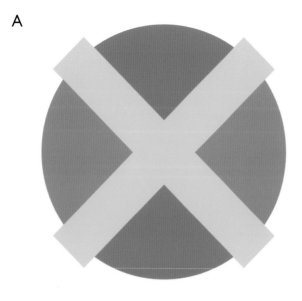

Porciones de color
Considera las dos figuras coloreadas
A y B. ¿En qué caso, A o B, son los
segmentos verdes verticales del
mismo tono que los segmentos
horizontales?

B

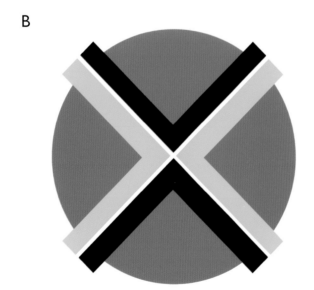

Test de memoria visual

Concéntrate tanto en el símbolo verde como en el símbolo rojo durante diez segundos. Relájate. Ahora selecciona una de las cartas (cualquiera de ellas) y concéntrate decididamente en ella. Memorízala y luego ¡pasa la página!

Cartas mágicas

Te lo creas o no, la
carta que has
seleccionado ha
sido sacada del
grupo y puesta
bocabajo, ¿a que sí?

A

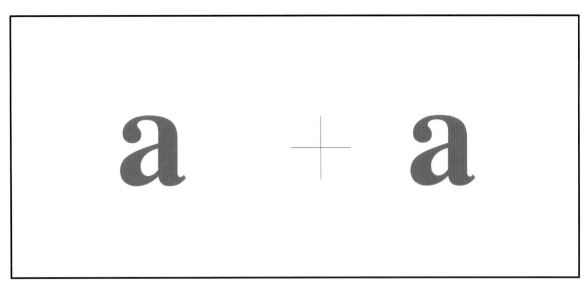

B

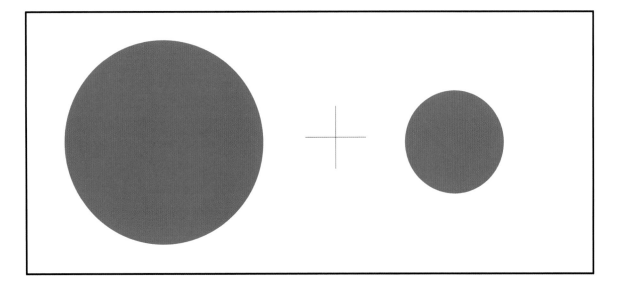

Pon la A en negritas

Para ampliar una de las letras «a» del diagrama A, mira fijamente los puntos del diagrama B durante unos 20-30 segundos y luego mira las letras «a». ¡Deberías ver cómo una de las letras se vuelve más grande y oscura! (El experimento funciona mejor bajo una luz brillante.)

Círculos concéntricos

Concéntrate en la parte superior del disco; ¿puedes determinar
si contiene círculos concéntricos o es sólo una espiral? ¿El disco es
perfectamente circular?

¿Paralelas o no?

¿Las líneas amarillas sobresalen hacia fuera o no?

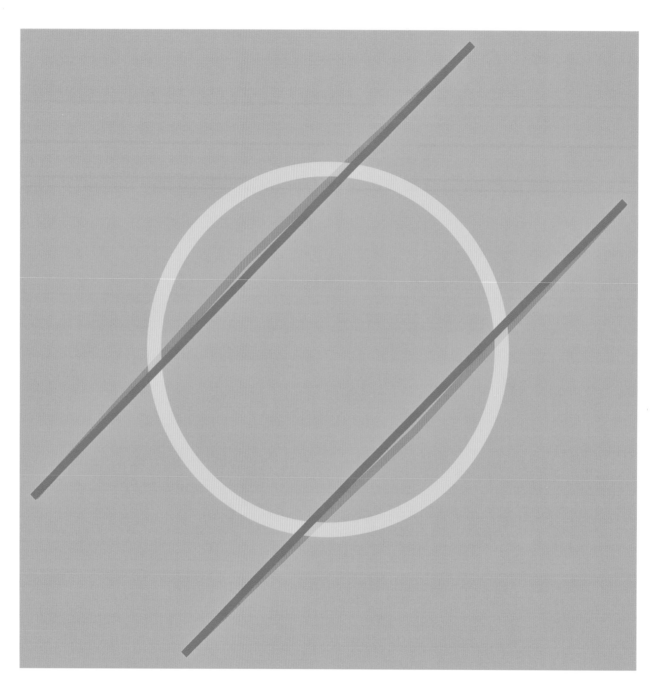

¿Paralelas o no?
¿Las líneas verdes son rectas y paralelas entre sí?

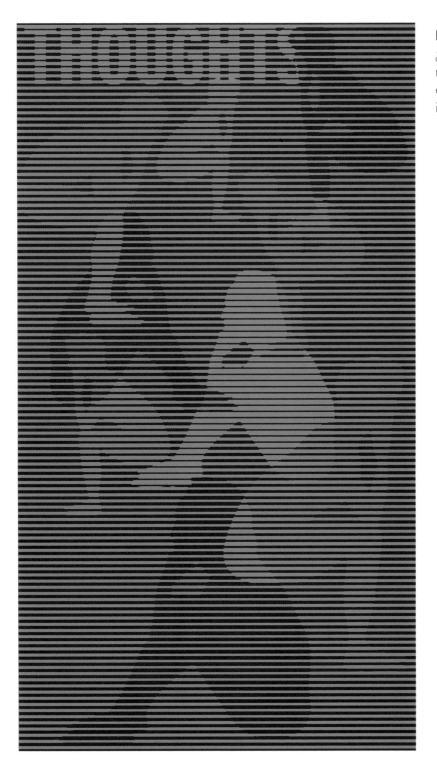

Pensamientos flotantes

¿Ves las formas de hombres y mujeres pensando? Es sólo un efecto producido tu imaginación.

La angustia del cartero
¿De que está asustado el cartero?

Un perro muy feo
¡Encuentra un lindo gatito dentro del perro!

Soluciones II

Página 50

Los tres números 4 de la derecha son ligeramente más grandes, mientras que todos los 8 tienen el mismo grosor. Pero presta mucha atención porque el segundo grupo de 8 de la derecha está invertido.

Página 51

¡Volver a componer rompecabezas que contienen piezas triangulares puede conducir a conclusiones paradójicas! En este caso concreto, tenemos dos paradojas en una cuando las dos piezas triangulares del rompecabezas se invierten entre sí:

1. Una parte importante del rompecabezas parece faltar.
2. Un huevo ha desaparecido.

Evidentemente, la aparente ganancia o pérdida de área se ve compensada con una ganancia o pérdida complementaria en otra parte del rompecabezas. La pérdida de la pequeña superficie se debe a que las bases de los triángulos no están perfectamente alineadas para formar una línea recta continua en la parte inferior del rompecabezas. En la figura A, el punto donde se encuentran los triángulos está ligeramente retirado, mientras que en B sobresale. Por su parte, el área de la superficie «desaparecida» en B sencillamente está redistribuida dentro de esa línea prominente. Pero, ¿qué pasa con el huevo que falta? Es el huevo de Colón. Al cambiar las piezas triangulares del rompecabezas, el huevo no desaparece de ninguna manera; una parte de la imagen se redistribuye entre los siete huevos que quedan. Si te fijas bien, puedes comprobar que los siete huevos de B son ligeramente más largos que los ocho huevos de A.

Este rompecabezas, que implica la desaparición de una superficie así como la de un elemento gráfico es un novedad inventada por el matemático Gianni A. Sarcone.

Página 53

Trazar un dibujo con la ayuda de un espejo puede resultar muy confuso debido a nuestra memoria de procedimiento. Pero ahora estás aplicando la memoria de movimiento. Cuando realizamos algo utilizando la memoria de procedimiento, uno no es consciente del modo en que está realizando exactamente cada movimiento individual. Volverse consciente de esas cosas puede interrumpir una capacidad que ya dominamos a la perfección.

Ahora, bien, cuando intentas dibujar algo mirando en un espejo, tienes que inhibir e invertir todo lo que está asociado con la visión y el control del movimiento (y, como has podido experimentar, la primera vez resulta muy difícil). Con mucha práctica se puede llegar incluso a dibujar bastante rápido con esta técnica.

Página 54

Dale la vuelta a la página y verás un tucán. Lo que estás viendo ya no se trata de un mamífero marino que nada en el mar.

Página 55

Puedes ver la presencia de cinco caras en las colas de los gatos.

Página 56

Los segmentos verdes no están adecuadamente alineados para formar una línea recta continua. En cambio, los segmentos de color fucsia sí pueden formar una línea.

Página 57

Aunque no lo parezca, todas las líneas tienen la misma longitud. Este ejemplo está basado en una ilusión Müller-Lyer.

Página 58

En A los segmentos verticales son diferentes de los segmentos horizontales. En cambio, en B los segmentos son iguales.

A   B

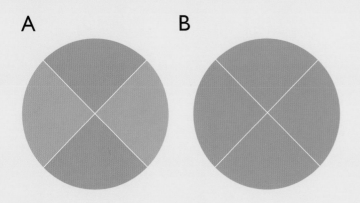

Páginas 59-60

El truco se basa sencillamente en la memoria visual que tiene cada persona. Pista: la gente se concentra en la carta seleccionada, pero no conoce las otras que la rodean, por lo tanto resulta bastante fácil llevarles a engaño.

Página 61

Se trata de un original experimento de efecto retardado.

Página 62

El disco contiene sólo una espiral y no es circular en absoluto.

Página 63

No; las dos líneas amarillas son perfectamente rectas y paralelas entre sí. La ilusión se ve inducida por la cruz del fondo.

Página 64

Por más que parezcan doblarse hacia dentro, son perfectamente rectas y paralelas entre sí. La ilusión se ve inducida por el círculo del fondo.

Página 65

Realmente no hay formas concretas en el dibujo, ¡sólo líneas y figuras ilusorias!

Página 66

¡Un perro! Encuéntralo en el arbusto de la parte inferior de la ilustración.

Página 67

Para encontrar al gato basta con girar la imagen un cuarto de vuelta en el sentido contrario a las agujas del reloj.

Parte III

Buenas vibraciones

¿Ves algunos flujos vibratorios convergentes? No, no te estás inventando cosas, se trata sólo de un efecto de inhibición lateral completamente normal.

Los bailarines solitarios

¿Están solos de verdad?

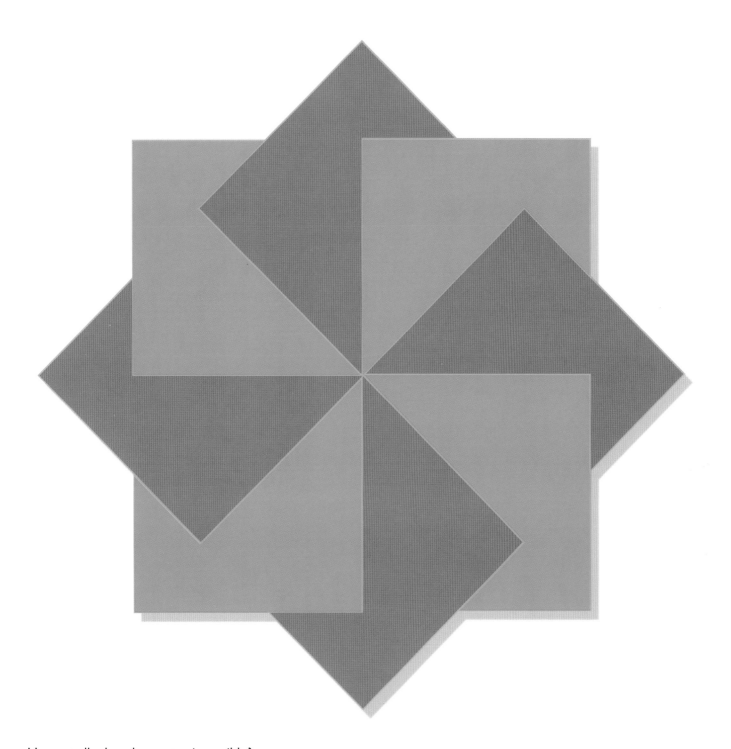

¿Una estrella de ocho puntas imposible?

Haz unas ranuras en dos hojas cuadradas de papel, de tal modo que
cuando queden entrelazadas, formen esta estrella de ocho puntas.

Pliegues imposibles

¿Eres capaz de reproducir esta figura tridimensional cortando y doblando una única hoja de papel rígido?

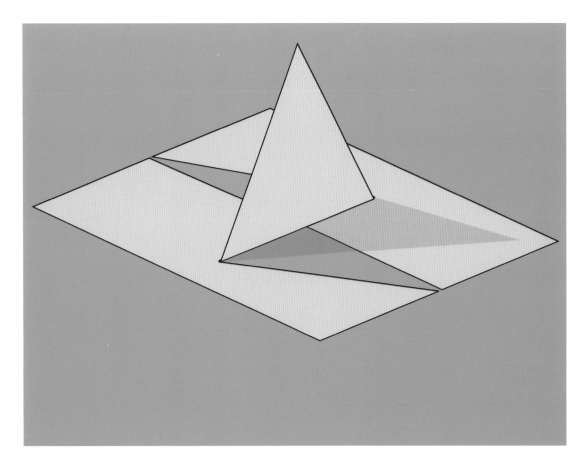

Pliegues imposibles 2

¿Eres capaz de reproducir esta figura en forma de pirámide cortando y doblando una única hoja de papel rígido? (No puedes cortar el papel en dos o más piezas diferentes.)

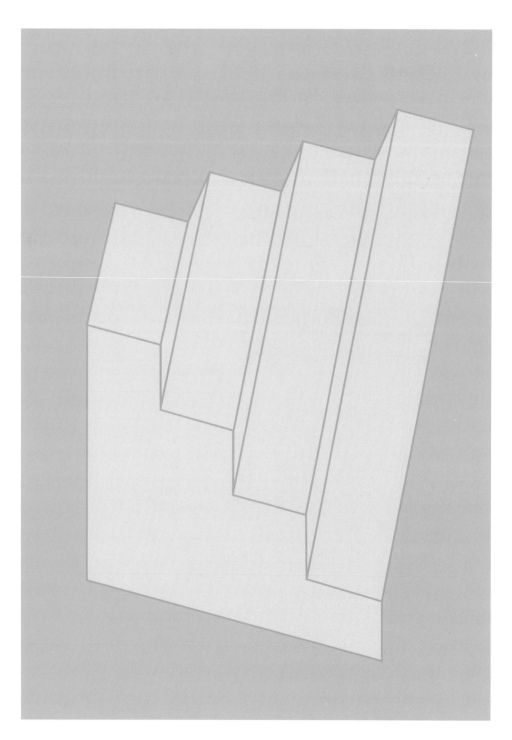

Escalera imposible 3
¿Crees que una escalera así es posible?

Ojos vivos
Donde quiera que estés, esta cara parece seguirte con los ojos.

Degradado de grises

Las gradaciones de color pueden afectar a la alineación de objetos regulares. En estas tres figuras, ¡los cuadrados son perfectamente regulares y paralelos!

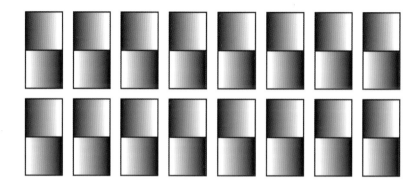

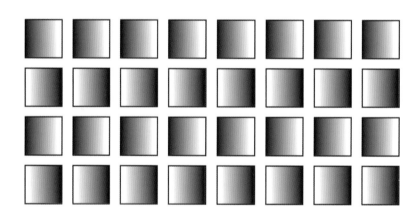

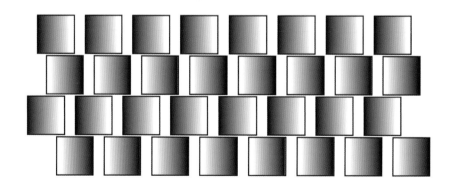

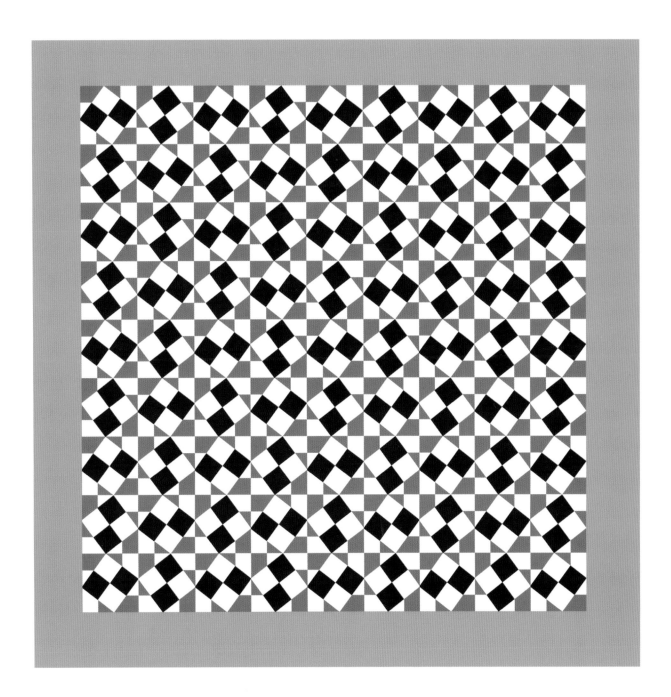

¿Esquinas redondeadas?

Los pequeños cuadrados ajedrezados parecen tener esquinas temblonas y redondeadas. Los cuadrados tienden a perder su regularidad cuando se reúnen en grupos regulares.

Patrones visuales Boing

Un interesante efecto visual de los círculos y elipses coaxiales aparece al crear una disposición negativa de círculos concéntricos blancos y negros con un «modo inverso de mezclado» sobre una alineación de tiras blancas y negras. Cambiar el grosor de las franjas del fondo altera la imagen de forma exagerada, como se demuestra en estos tres ejemplos.

Haz una bola mágica de cartón

Coge tres posavasos o trozos de cartón rígido e intenta unirlos como se muestra en la imagen. La figura de la izquierda está hecha cortando y entrelazando tres piezas sin cola ni adhesivo de ningún tipo. ¿Es una figura posible?

Patrón concéntrico en movimiento

El orden regular concéntrico origina perturbaciones visuales. La figura parece vibrar.

Patrón móvil radial

Los patrones radiales pueden originar perturbaciones visuales.
La imagen parece resplandecer cuando la página se mueve
ligeramente. Si desplazas la mirada en torno a los radios, puede
que incluso veas aparecer color.

Peonza mágica

Mueve la imagen de lado a lado para hacer que la peonza gire,
como si se estuviera moviendo de verdad.

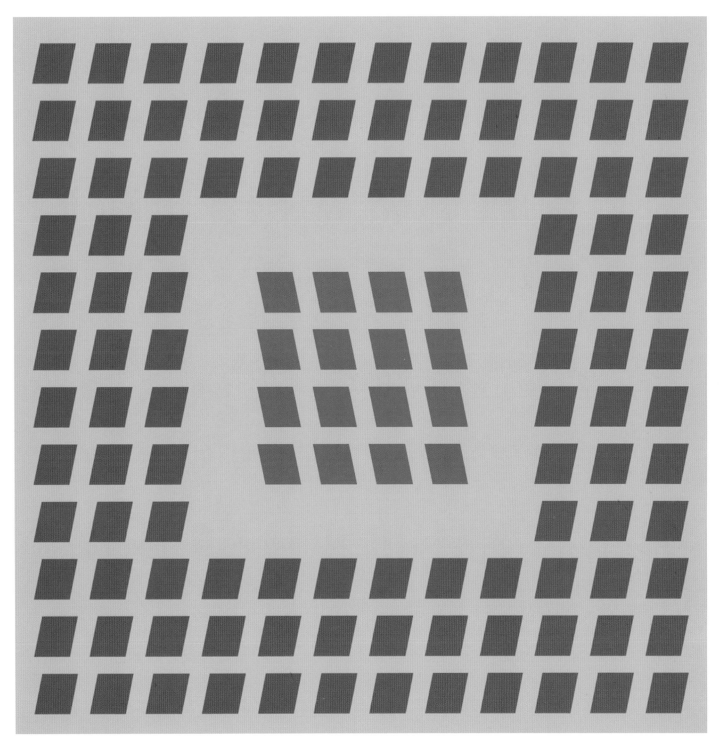

Rombos móviles

Si sacudes ligeramente la imagen, los rombos azules del centro comienzan a moverse de forma independiente respecto del fondo y de los rombos naranjas que los rodean.

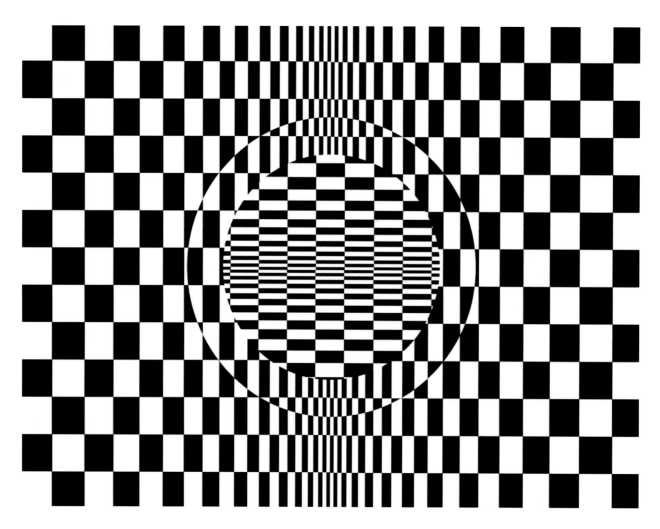

Disco flotante

Observa la figura y concéntrate en el disco central mientras la sacudes ligeramente. La forma circular parece separarse del resto de la imagen y levitar por encima del fondo ajedrezado.

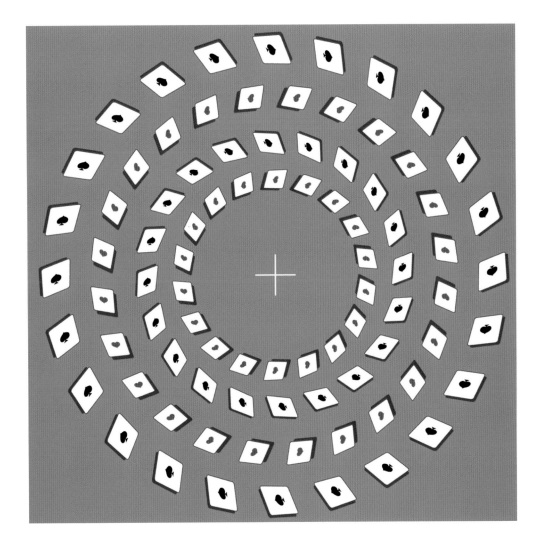

Círculos rotatorios

Este grupo circular de naipes parece estar rotando en direcciones opuestas cuando mueves la cabeza adelante y atrás mientras mantienes enfocada la cruz del centro de la imagen. ¿Notas algo extraño?

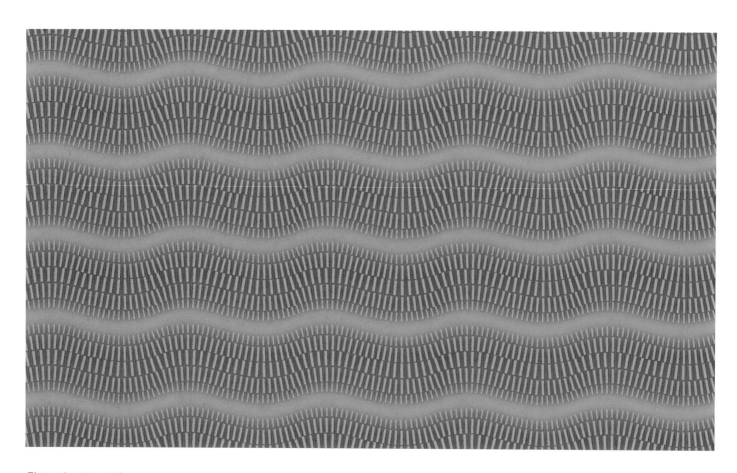

Flujos horizontales

¿Las líneas curvas parecen vibrar y parpadear adelante y atrás?

Llena el camión

¿Es posible meter todas las cajas en el camión? Si no es así, ¿cuáles sobran?

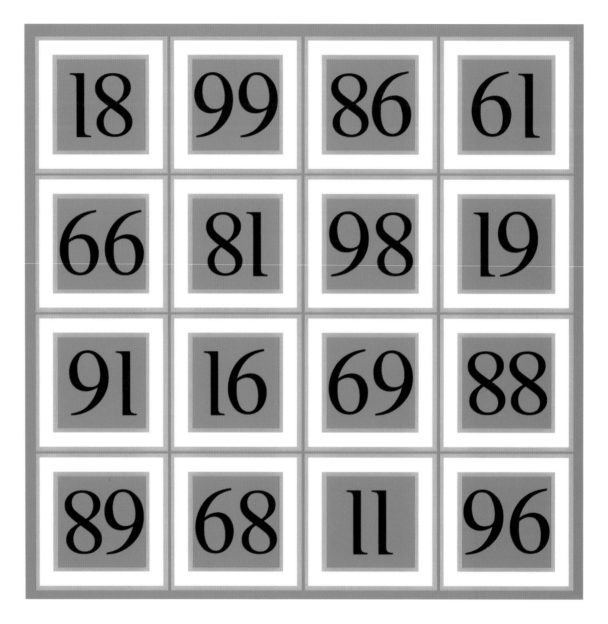

Cuadrado doblemente mágico

Los cuadrados mágicos están rellenos con números alineados cuya característica es que la suma de los números de cada fila, columna y diagonal da siempre el mismo resultado. El cuadrado de la imagen es un cuadrado doblemente mágico. ¿Por qué?

Mosaico de colores

Colócate a 6 metros de la figura y verás dos colores aparentes: azul y amarillo. Pero si los observas con atención, te darás cuenta de que en realidad son ¡naranja y verde!

Soluciones III

Página 72

En el centro de la figura se puede percibir la cara de una mujer. Se trata de una figura ilusoria ambigua de fondo.

Página 73

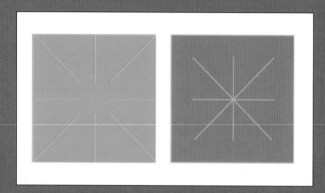

Estos son los cortes en el papel que te permitirán crear la estrella de ocho puntas.

Página 74

Puedes lograr la figura si realizas las siguientes indicaciones.

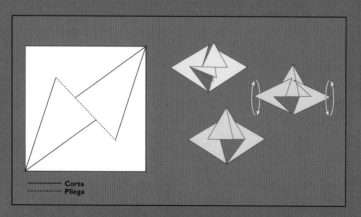

Página 75

Con estas indicaciones, puedes realizar la figura.

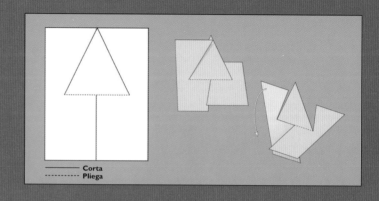

Página 77

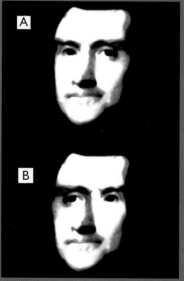

El efecto se debe a la ambigüedad de la cara. De hecho, hemos modificado la cara real unidireccional A invirtiendo simétricamente la parte superior de la misma en torno al eje vertical. El resultado, B, es una cara ambigua bidireccional. Nuestra apreciación de dónde está mirando una persona se ve influenciada por la posición. Es este caso concreto, hay dos posibles posiciones en una única imagen.

Página 81

Éste es el truco: haz los cortes que te mostramos antes de hacer las intersecciones.

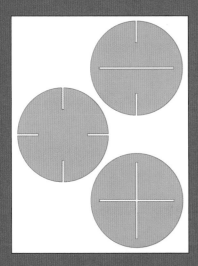

Página 84

La ilusión de movimiento se produce por los contrastes visuales en la parte superior y su fondo.

Página 85

Tendemos a percibir los rombos del centro y los que los rodean como dos conjuntos independientes, a pesar de que están en el mismo plano. Los rombos de alrededor son interpretados como un «marco de referencia» que tiende a permanecer quieto. El contraste visual del grupo del centro y lo que lo rodea parece confundir al detector de movimiento de nuestro sistema visual.

Página 86

Se trata de una variante de la ilusión de Ouchi. Cuando mueves los ojos sin apartarlos de la figura, el contraste visual entre los patrones del fondo y el primer plano pueden inducir una ilusión de movimiento en los bordes del disco central. Este tipo de ilusión se cree que nace en las señales retinales de movimiento (el detector de movimiento de nuestro sistema visual). Otra interesante observación es que los bordes del anillo que incluye

un disco Ouchi parecen brillar ligeramente, como un neón.

Página 87

El grupo circular de naipes con el as de corazones gira más rápido que el grupo con el as de picas.

Página 88

Sí, pero se trata sólo de una ilusión inducida por la alternancia de pequeños trazos claros y oscuros. Es una especie de efecto de imagen residual originado por la inhibición lateral de nuestra retina.

Página 89

Sí, en el camión caben todas las cajas.

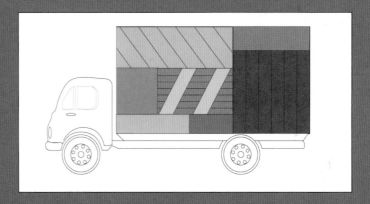

Página 90

Es reversible. ¡Sigue siendo un cuadrado mágico aunque lo gires 180°! Y si lo miras desde una cierta distancia, las esquinas de los cuadraditos naranjas (dentro de los cuales están los números) pierden su regularidad y parecen estrecharse.

Página 91

No es ningún secreto; los pintores saben desde hace siglos que los colores tienden a influir unos en otros. En este caso, dos son los efectos responsables de la aparición de los colores rosa y azul: el contraste del color y la asimilación del mismo.

Parte IV

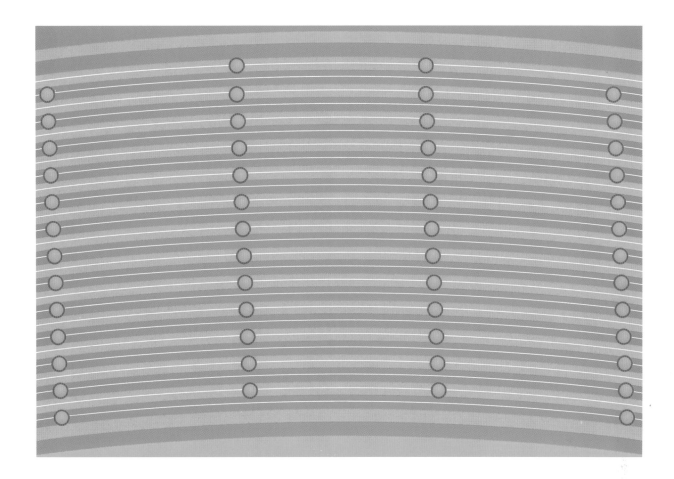

¿Puntos alineados?

Parece increíble, pero todos los puntos
tienen el mismo tono rosa y
los que aparecen más claros están
perfectamente alineados con los que
parecen más oscuros. ¡Coge una regla y
compruébalo tú mismo! Esas ilusiones
se ven inducidas por dos factores: el
contraste de colores y las líneas
coloreadas curvas.

A

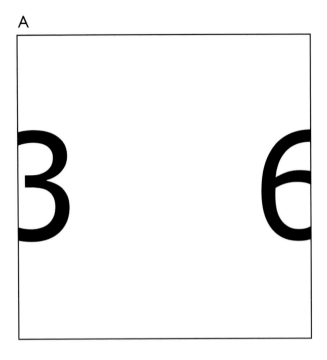

B

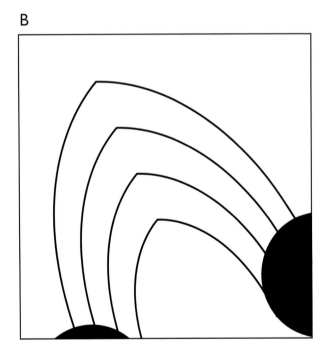

«Droodles»
¿Qué representan las figuras A y B?

Reloj de sol tridimensional

Esta imagen de un reloj de sol parece confusa. Guiña un ojo y mira en la dirección indicada por el triángulo azul de la parte inferior de la figura echando hacia atrás el libro sin apartar la vista. ¿Qué sucede?

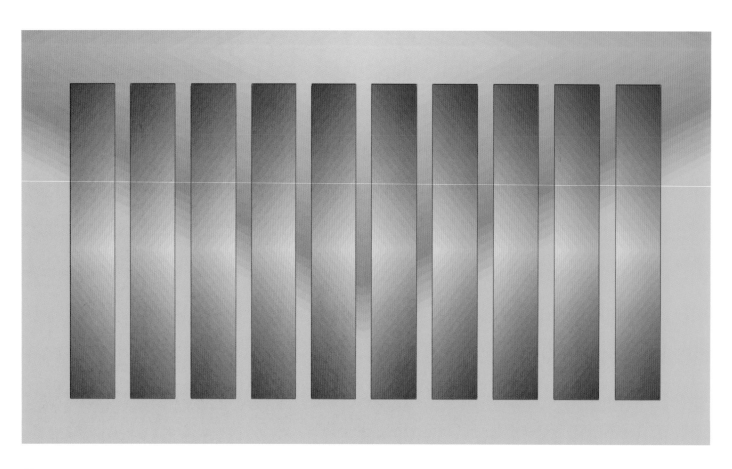

Efectos de sombra

La sombra puede hacer que objetos, como estas franjas
paralelas, parezcan estar doblados.

R E L O J

Palabra autorreferencial

Esta imagen representa una palabra autorreferencial: la palabra «reloj» con un reloj en el interior. Una palabra gráfica autorreferencial es una palabra que encapsula en su interior la cosa que representa, como 👁j👁, pr1mero, para/e/o... ¿Puedes determinar por qué la palabra «sonordnilap» es autorreferencial?

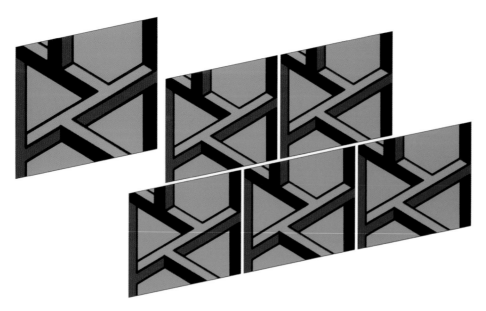

Baldosas de figuras imposibles
Con la baldosa paralelogramo es posible crear una estructura imposible.

Triangulizar

Utiliza estos tres bloques para crear la representación de una pirámide.

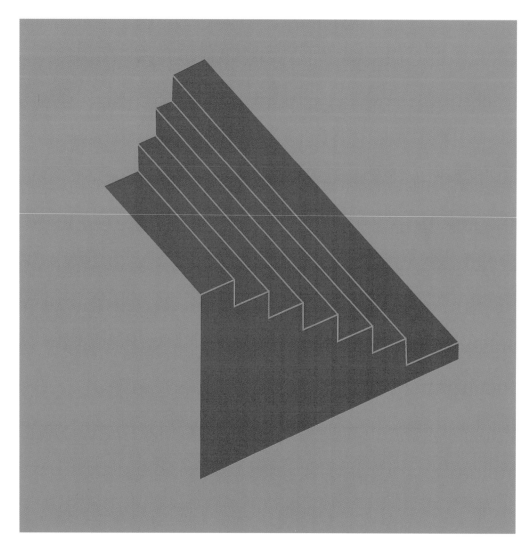

Escalera imposible 4
¿Crees que una escalera así es posible?

¿Un cadáver?

¿Eres capaz de ver el fantasma de un «cadáver»?

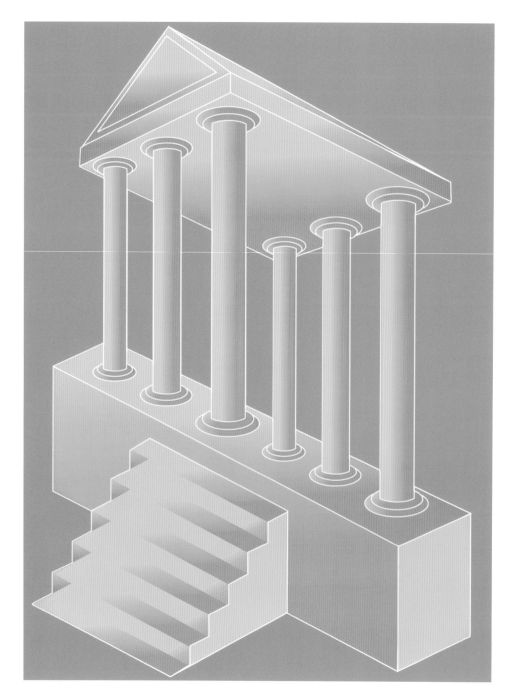

Templo bidimensional
Observa la escena: ¡hay varias absurdidades arquitectónicas!

Test de memoria visual 2
Pregunta trampa: ¿puedes recordar qué numeral romano representa el cuatro en la mayor parte de los relojes de las torres o campanarios?

Altares celestiales

¿Qué altar es más alto, A o B?

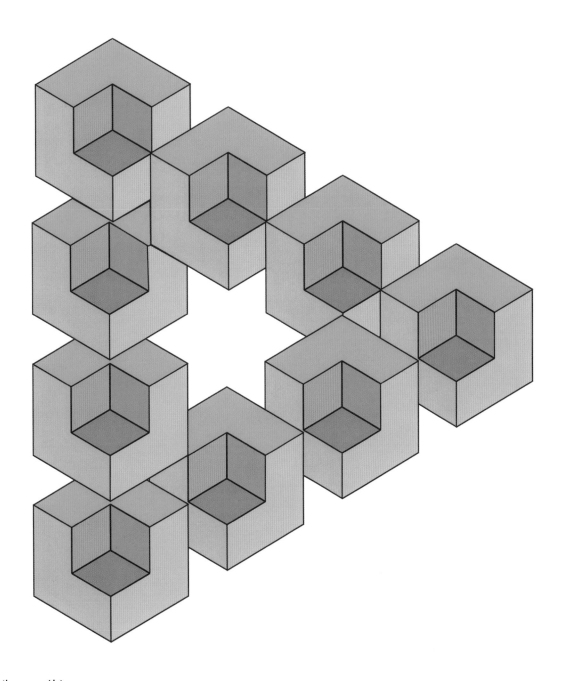

«Tribarra cúbica»

Ésta es una figura imposible llamada «tribarra». ¿Qué es lo que ves, dos grupos de cubos o un grupo de cubos al que le han quitado un pequeño cubo?

Azules

Los puntos azules sobre un fondo más oscuro parecen más claros que los puntos azules sobre un fondo más claro, pero ¡todos tienen el mismo tono! Este convincente fenómeno se describe como contraste de brillo simultáneo.

Trenzas de sombra

Se trata de tres variantes simultáneas de contraste de brillo que implican formas lenticulares coloreadas (debajo de la imagen puedes ver cómo son las formas lenticulares en realidad). Los dos ejemplos superiores combinan múltiples fronteras de color y crean una fuerte ilusión.

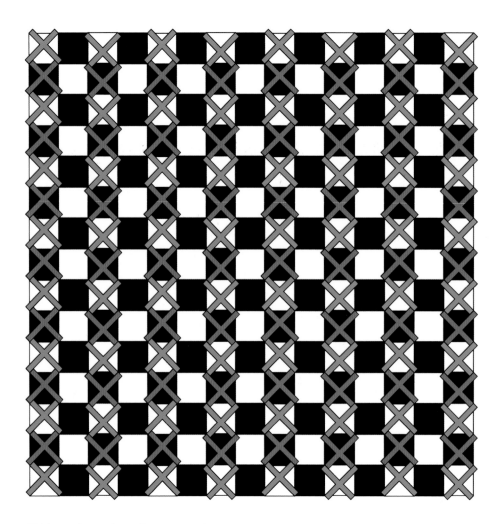

Tablero de ajedrez distorsionado
Los patrones cruzados alternados hacen que las columnas del tablero
de ajedrez diverjan.

Encuentra la forma escondida

¿Puedes encontrar el cuadrado dentro del triángulo
sólo mirando?

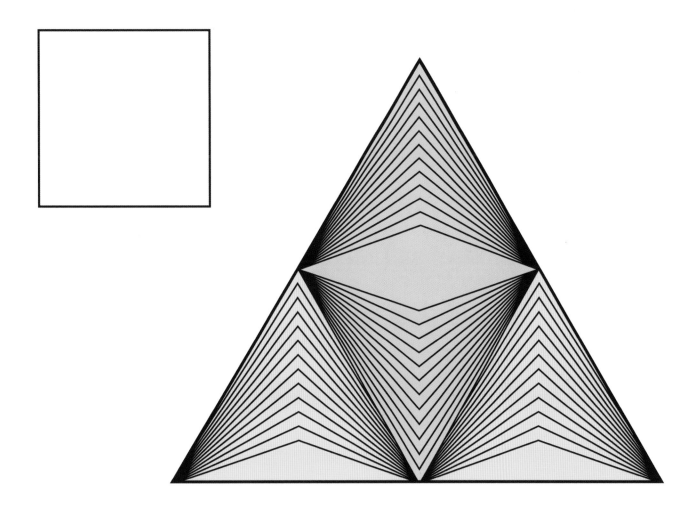

En común

¿Qué tienen en común estás dos rejas realizadas
en hierro forjado?

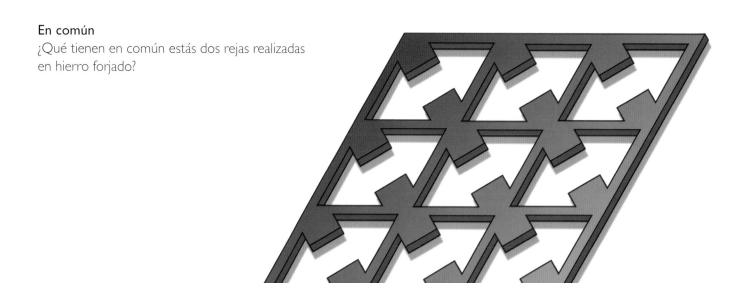

El viejo transiberiano

Copia esta imagen que representa al viejo tren transiberiano y córtala en tres piezas. Luego disponlas de nuevo en un rectángulo para transformar un tren con siete vagones en un tren con seis vagones.

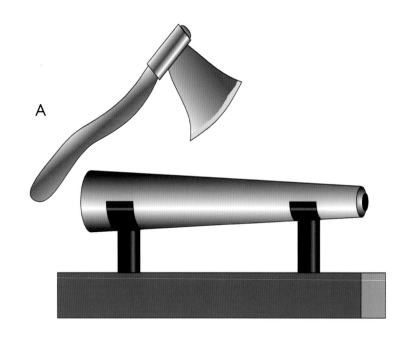

A

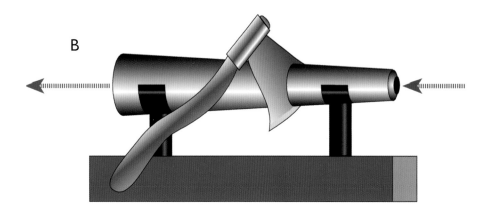

B

Telescopio cortado

El telescopio de la figura A es cortado por un hacha en dos trozos (figura B). Explica por qué todavía funciona y cómo es posible ver a través del hacha. (Pista: el hacha no es transparente, por lo que sólo es una cuestión de reflejos.)

El sueño de un día de verano

Disfruta de esta imagen estival que contiene una absurdidad.

Soluciones IV

Página 96
Droodle A: se trata de un músico que toca el trombón haciendo estiramientos antes de la actuación.

Droodle B: es parte de las patas de una araña mientras está delante de un espejo.

Página 97
No tardarás mucho en darte cuenta de que la barra apoyada en el centro del dial (el gnomon) se estira y encoje por sí sola.

Página 99
Como «sonordnilap» es «palíndronos» escrito al revés, ¡se trata de una palabra autorreferencial!

Página 101
La pirámide se consigue de esta manera:

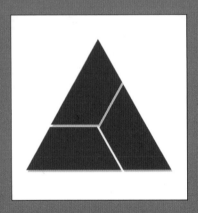

Página 103
Se trata de una broma porque «cadáver» u «hombre muerto» es una expresión británica poco utilizada para referirse a una botella vacía de licor o de vino. Te has dado cuenta de la fantasmagórica y traslúcida botella de la imagen, pero su contorno viene determinado sólo por los cinco vasos. El fondo blanco dentro del contorno parece ligeramente amarillento, pero en realidad es de color blanco.

Página 105
En la mayoría de los relojes que encontrarás en las torres o campanarios encontrarás la cifra romana IIII para representar el 4, en vez de IV. He aquí otra curiosidad sobre los diales: dile a un amigo que eres capaz de averiguar la posición de las manecillas de cualquier reloj que aparezca en una revista. Luego pídele que coja una revista y que se concentre en el primer anuncio en el que haya un reloj. Lo más probable es que las agujas señalen las 10.10 horas. Estos experimentos se basan en tradiciones y costumbres que pasan inadvertidas para la mayoría de las personas.

Página 106
Nuestra intuición sobre la perspectiva influye mucho en lo que vemos. Aunque el altar B parece más alto que A, ambos tienen la misma altura. Se trata de una variante de la ilusión de Ponzo.

Página 107
La ilusión combina dos ilusiones en una: una figura imposible y una figura ambigua.

Página 108
La observación de que un objeto parece más oscuro cuando se ve sobre un fondo blanco que cuando está sobre un fondo negro lleva dos milenios creando desconcierto a científicos y filósofos, y todavía no existe consenso sobre exactamente por qué sucede. Los científicos Edward Adelson (inducción de claridad) y Alexander Logvinenko (invariancia de la claridad-oscuridad) han proporcionado interesantes observaciones y estudios al respecto.

Página 109
Todas las formas lenticulares tienen el mismo color, pero nos parece que algunas son más claras y otras más oscuras. Nos encontramos con un efecto semejante en nuestra vida diaria: las pantallas de la TV y el ordenador no son negras, porque el negro no puede crearse con chorros de electrones. Pero

cuando las enciendes, ¡puedes ver todos los colores, incluso el negro!.

Página 110

Las columnas son perfectamente paralelas y están alineadas. Este efecto está relacionado con la ilusión Zöllner.

Página 111

El cuadrado del triángulo está marcado con color rojo.

Página 112

Observa los espacios vacíos. Ambas rejas tienen los huecos con la misma forma. Una vez que los has visto ya no puedes dejar de hacerlo porque penetran con insistencia en tu campo visual.

Página 113

El convoy del tren perderá un vagón dependiendo del modo en que las piezas A y B se coloquen una vez montado el rompecabezas.

Página 114

El truco se encuentra en los cuatro espejos escondidos en el telescopio.

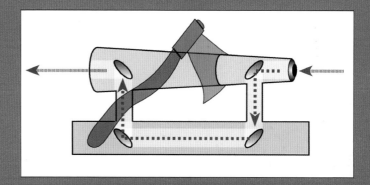

Parte V

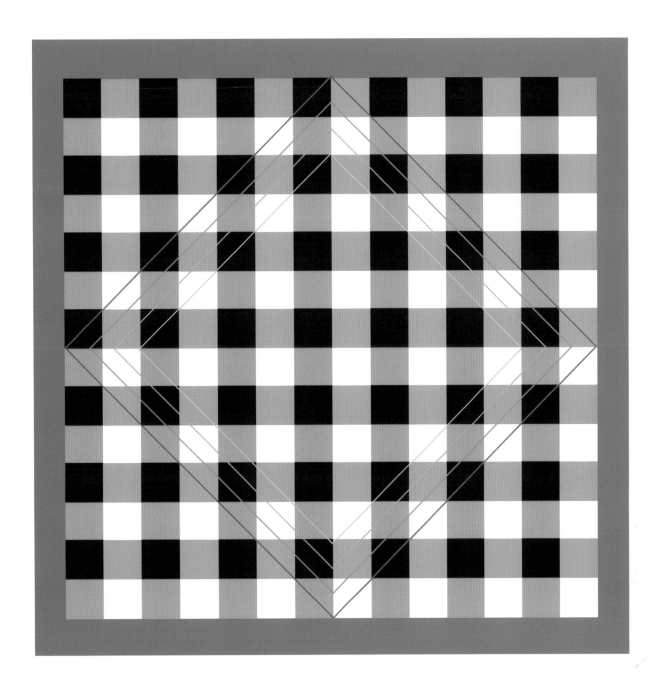

Buenas vibraciones 2

¿Realmente vibran los colores? El fondo ajedrezado hace
que los contornos de color vibren ligeramente. Es un tipo
de efecto de imagen residual que se produce debido
principalmente a la inhibición lateral.

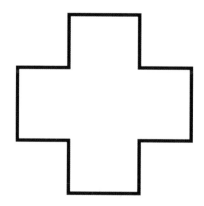

Encuentra la forma escondida 2
¡Encuentra la cruz dentro del
cuadrado!

Encuentra la forma escondida 3
Sigue a tu estrella... y encuéntrala dentro del dibujo.

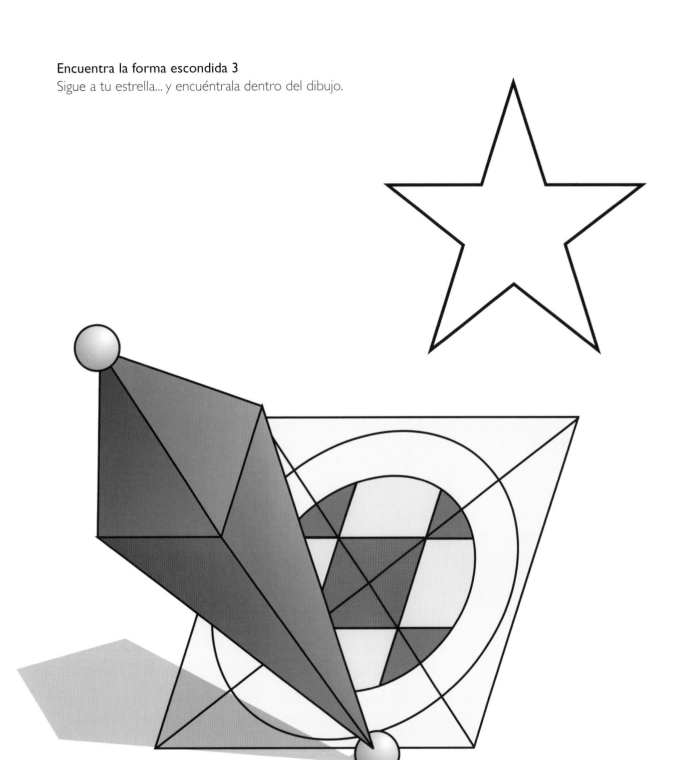

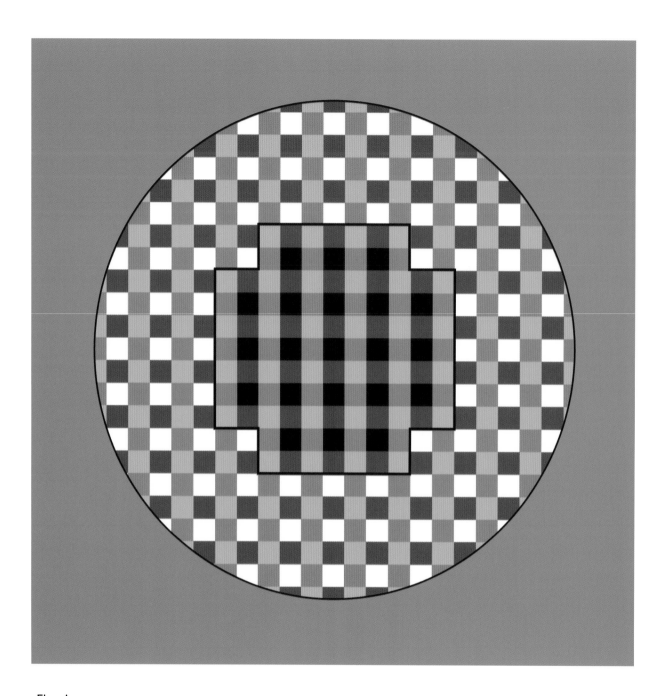

¡Flota!

Utilizando sólo cuadrados es posible crear un patrón que evoque una sensación de balanceo. Mueve la página ligeramente adelante y atrás y la cruz del centro parecerá moverse y «flotar» respecto al dibujo circular del fondo.

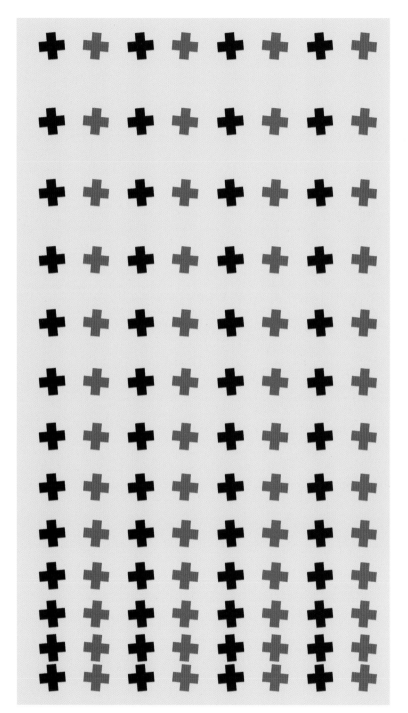

Cruces divergentes

Cada par de columnas, formadas por cruces rojas y negras, parece divergir.

Peonza de espectro artificial

Fotocopia este patrón circular, pégalo en un trozo de cartón y recorta el disco. Atraviesa el centro con un lápiz afilado. Ahora tienes una peonza con propiedades mágicas. Hazla girar y verás colores subjetivos mientras rota.

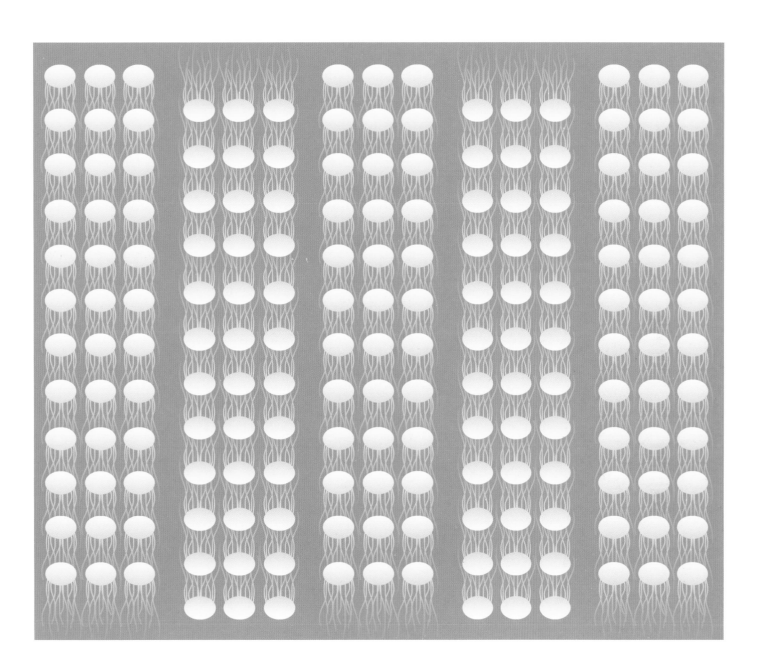

Medusas móviles

Mira fijamente a la imagen e imagina que el azul es el mar.
Concéntrate y pasea la mirada por entre los grupos de medusas
y éstas comenzarán a moverse en direcciones opuestas.

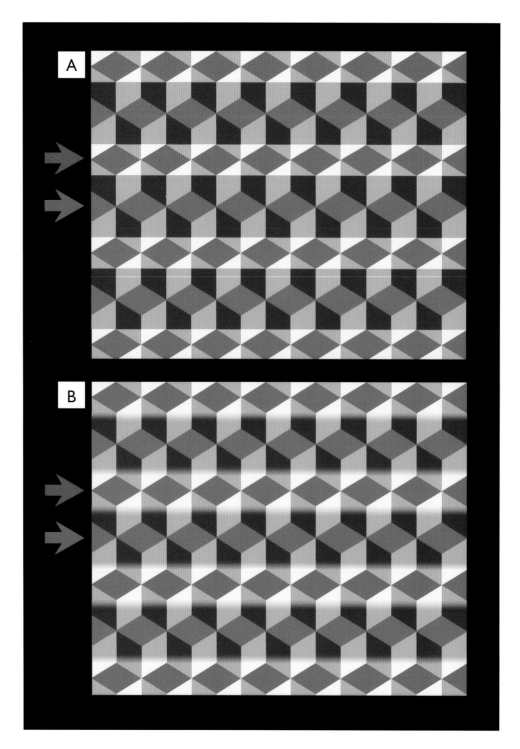

El mismo color
Las filas de rombos señaladas con las flechas rojas y verdes en las figuras A y B ¡tienen exactamente el mismo color!

¿Concéntricos o no?

Desde cierta distancia, los círculos, compuestos de tiras
retorcidas de cuerda de dos colores diferentes, pueden
parecer confusos y divergentes.

Ambigüedad de cristal

¿Ves dos copas o sólo una con una extraña copa doble? Si ves dos copas, ¿cuál está detrás de la otra?

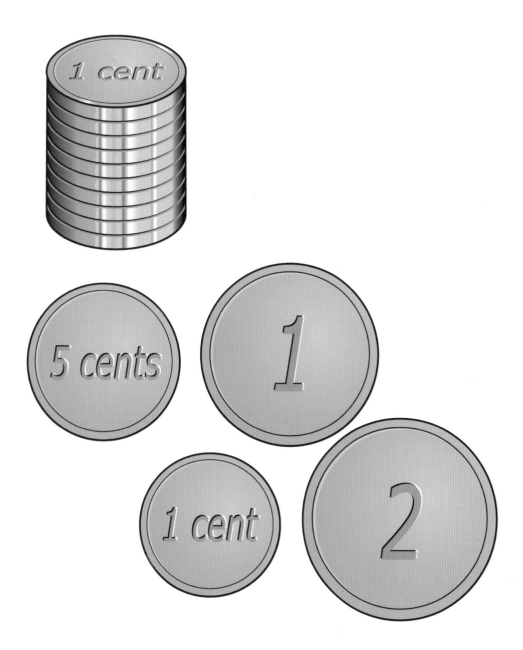

Montón mágico

¿Cuál de las monedas, puesta de canto, tiene la misma altura que la pila de monedas de un céntimo?

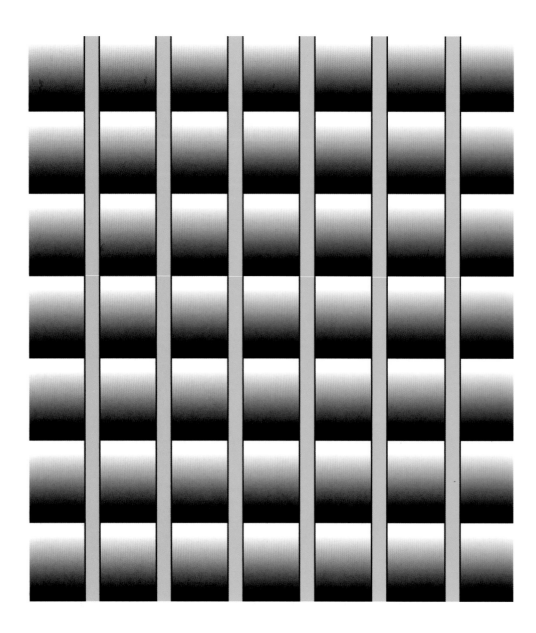

Bambúes irreales

Los bordes de color gris oscuro que segmentan los bambúes
no existen en realidad. Los bambúes son perfectamente
rectos y paralelos.

Líneas amarillas

¿Son las líneas amarillas de este diseño perfectamente rectas?

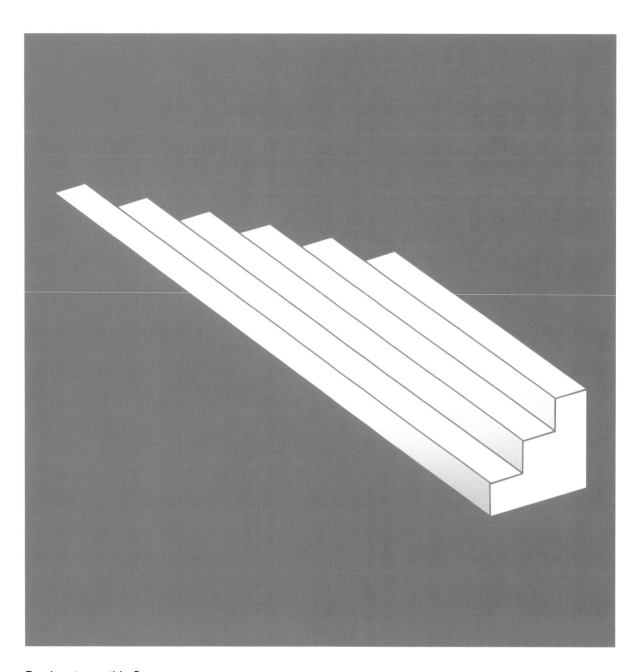

Escalera imposible 5

¿Crees que una escalera así es posible?

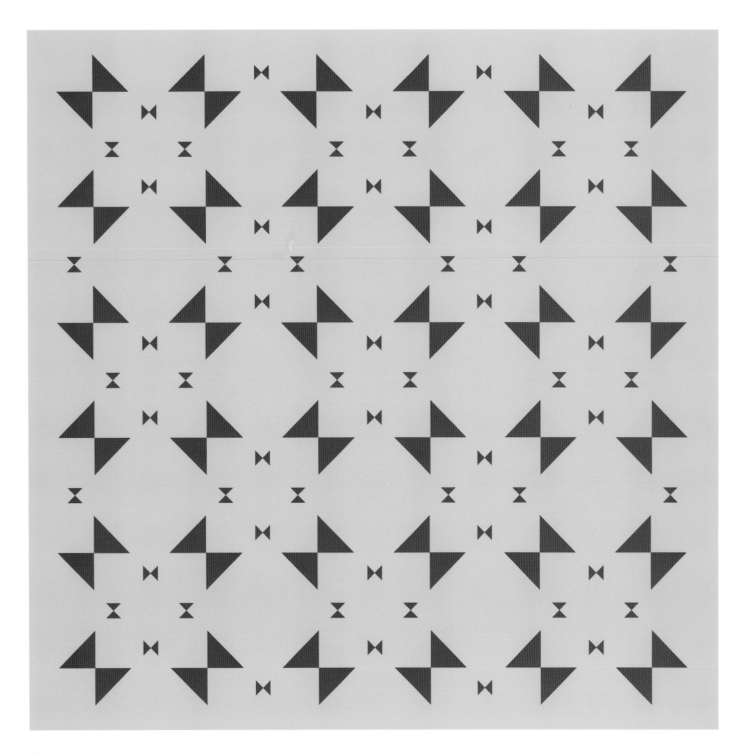

Cuadrados Kanisza

¿Cuántos cuadrados perfectos percibes?

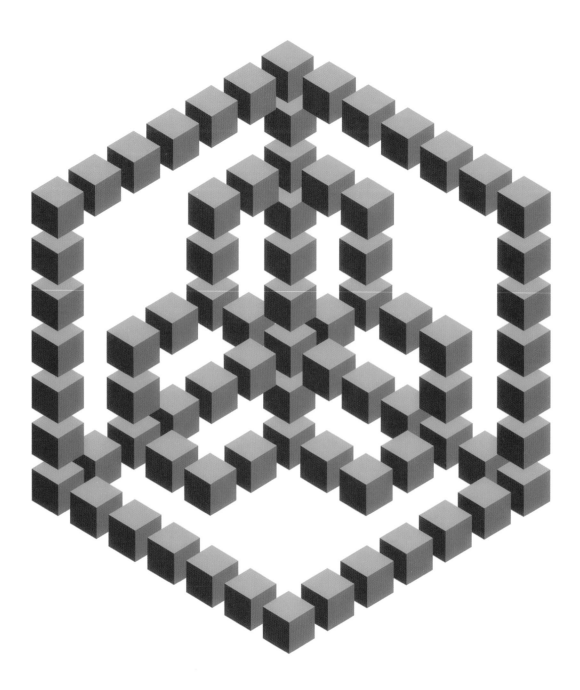

Estructura cúbica imposible
Observa esta evidente estructura cúbica en 3D.

Público y directores

Se trata de una ilusión figura-suelo. ¿Cuántas personas percibes en la imagen?

Agua corriente

¿Las líneas azules se retuercen arriba y abajo como un chorro de agua? ¡Por favor, cierra los grifos una vez hayas terminado con la ilusión!

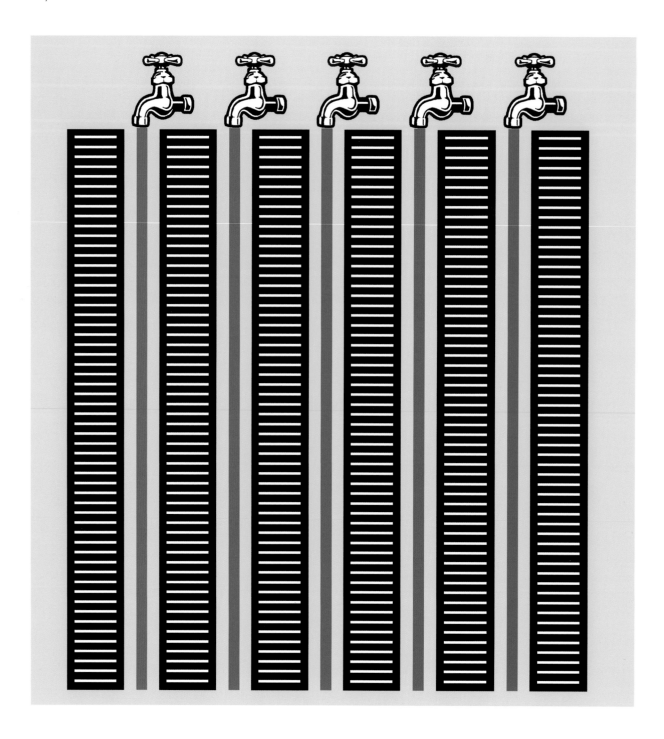

Bandas móviles

Si te concentras en las bandas circulares coloreadas, podrás ver un vibrante movimiento circular y, sin darte cuenta, al poco rato entrarás sin ningún esfuerzo en un profundo, tranquilo e hipnótico trance. ¡Esta ilusión es idónea para hipnotizadores!

Soluciones V

Página 120

Página 121

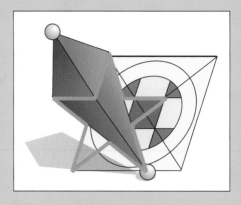

Página 122

Nos hemos limitado a reemplazar los cuadrados blancos del patrón del fondo por la cruz con cuadrados negros. Eso basta para inducir la sensación de aparente movimiento. Esta ilusión está relacionada con la ilusión Ouchi.

Página 123

Este efecto está relacionado con la ilusión Zöllner.

Página 124

El «color» observado en estos discos rotatorios no existe. Si el disco es rotado en una dirección pueden aparecer los «colores» que van desde el rojo al azul; si es rotado en la otra dirección, los «colores» aparecen en el orden contrario. Los colores obtenidos con esta peonza son subjetivos o, utilizando un término científico, colores parpadeantes inducidos por un patrón. El efecto observado depende de la intensidad de la fuente de luz, de la velocidad de la rotación y del dibujo y la distribución de las líneas negras. Observarlo bajo la luz solar produce unos resultados muy curiosos.

No existe una explicación completa y segura relativa a la observación de colores subjetivos, aunque es evidente que están implicados la inhibición lateral y los diferentes niveles de estimulación de los receptores de color de los ojos.

Página 125

Esta ilusión de movimiento está relacionada con la ilusión de la desviación central. El factor que induce la ilusión puede ser la diferencia de contraste entre las zonas interior y exterior de los objetos «móviles» (medusas).

Página 126

Esto es lo que se llama un efecto simultáneo de luminosidad. El patrón A se basa en el patrón de baldosas de Adelson; el patrón B, en el patrón de baldosas de Logvinenko modificado (en el cual las regiones oscuras del patrón A han sido difuminadas). El efecto parece más evidente con el patrón B.

Página 127

Esta ilusión también se conoce como la ilusión de la cuerda retorcida. En realidad consiste en círculos perfectamente concéntricos de cuerdas retorcidas. La distorsión visual se produce al combinar un patrón regular de líneas (los círculos concéntricos) con partes mal alineadas (las zonas de distintos colores). Las ilusiones Zöllner y la de las paredes del café se basan en un principio similar, como otros muchos efectos visuales, según el cual elementos cuadrados hacen que el ojo perciba falsos giros y desvíos.

Página 128

En realidad hay dos copas. La copa más delgada está alineada detrás de la primera.

Página 129

Es la de un céntimo. Este experimento demuestra lo difícil que resulta juzgar el tamaño real de los objetos circulares. Si utilizas monedas de verdad, puedes mostrarles este truco a tus amigos.

Página 130

La ilusión de los puntos gris oscuro se ve inducida por las rejillas sinusoidales del fondo. Se trata de un caso clásico de inhibición lateral.

Página 131

Las líneas amarillas son perfectamente rectas y paralelas. Como en este caso, algunas ilusiones visuales tienen lugar en patrones modulares interrumpidos.

Página 133

En la imagen hay 13 cuadrados pequeños A, 13 cuadrados B, 12 cuadrados C y 12 cuadrados D. En total hay 50 cuadrados.

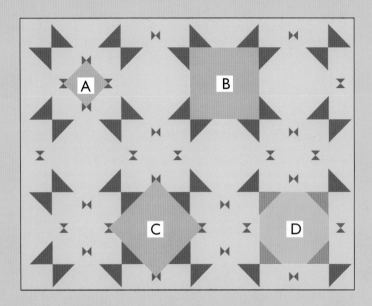

Página 134

Esta estructura imposible, llamada cubos multiconectados, fue creada por Vicente Meavilla Seguí.

Página 135

Hay dos enigmáticos espectadores de ópera (verdes) y dos directores de orquesta (amarillos).

Página 136

La ilusión se debe a la inhibición lateral.

Página 137

Se trata de otro efecto de la inhibición lateral.

Parte VI

El lector

¿Quién está escuchando al lector?

Patitos de goma

Intentemos un experimento con un efecto de relleno de color. Mira a estos patitos de goma desde una distancia de dos metros. La mayoría de la gente sólo ve amarillo dentro de los patos.

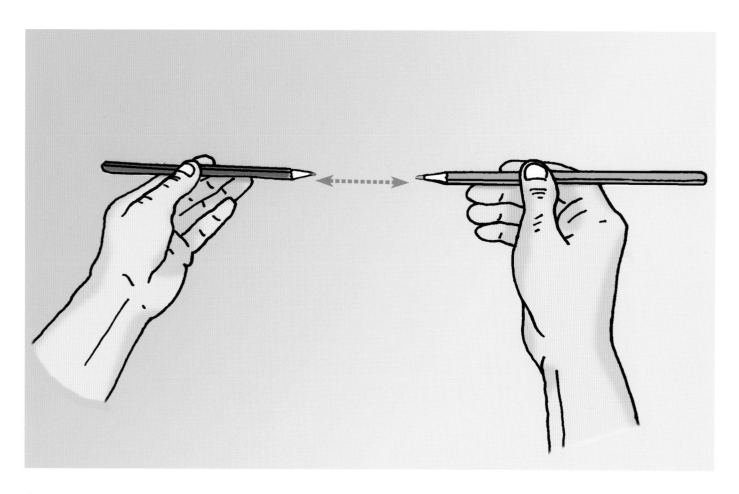

Lápices elusivos

Sujeta dos lápices, uno rojo y otro azul, delante de ti y en horizontal. Concéntrate en ellos. Lentamente acerca las puntas de los dos. ¿Algún problema? Intenta hacer lo mismo con sólo un ojo abierto. ¿Es fácil? ¿Verdad que no es igual?

Luces de neón hipnóticas

¿Ves un patrón de cuadrados grandes y pequeños? Estos cuadrados de aparente neón dan la impresión de palpitar ligeramente cuando te concentras en la imagen.

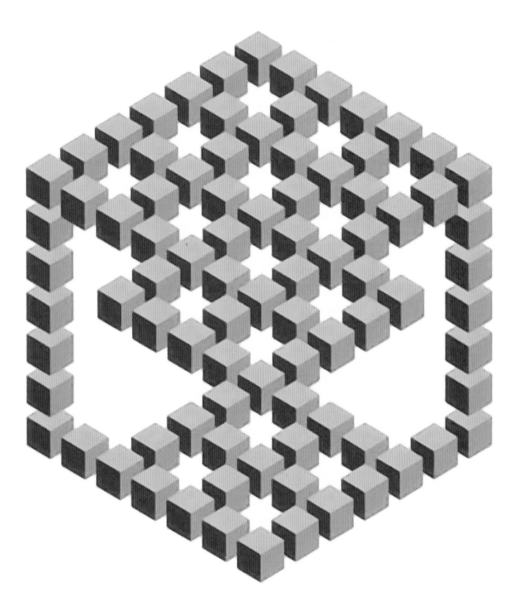

Estructura imposible 3
Se trata de otra estructura cúbica en 3D.

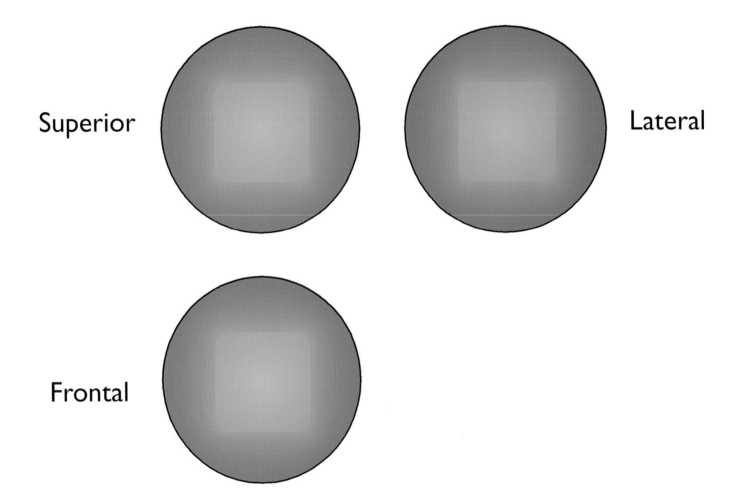

Superior

Lateral

Frontal

Esto no es una esfera...

El objeto en 3D de arriba, visto desde tres puntos de vista distintos, no es una esfera. ¿Puedes imaginar qué tipo de sólido es?

Consultamos la web
española dedicada a la
lluvia en Uruguay, donde
Quim Zulueta
Expósito figuraba como
el jinete con más kilos
de peso.

Teclado incompleto

Se trata de un test de atención visual. ¿La frase
mecanografiada contiene todas las letras del alfabeto?
Si no es así, ¿cuáles faltan?

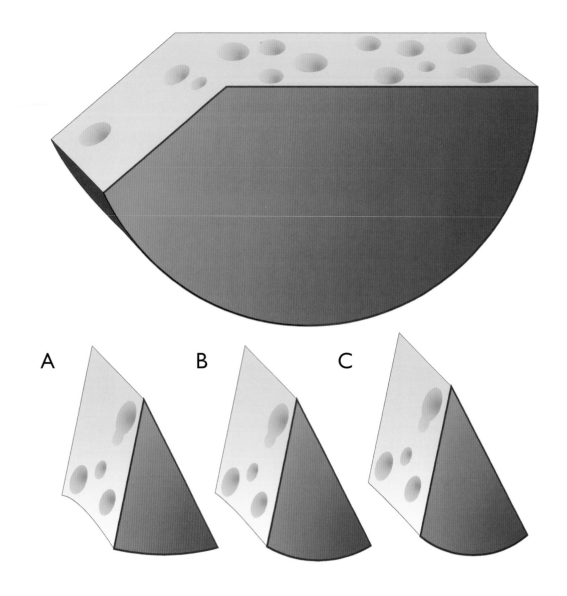

A

B

C

¿Quién ha cortado el queso?

¿Qué pedazo es el que ha sido cortado del trozo semicircular de queso emmental?

La casa misteriosa
Encuentra tres perspectivas extrañas en la figura de arriba.

Soluciones VI

Página 141
Gira la página media vuelta en el sentido de las agujas del reloj y descubrirás la cara de un gigante que escucha atentamente al lector.

Página 142
Si examinas con detalle los patitos de goma, te darás cuenta de que están impresos sobre un rectángulo amarillo. Evidentemente esto significa que el color no rellena el contorno de los patitos, sino que los sobrepasa, aunque en un primer y rápido vistazo nos parezca que están bien realizados.

Algunos colores, como el amarillo, poseen una baja resolución espacial. Esto supone que resulta difícil percibir y definir una forma amarilla determinada sobre un fondo claro. De modo que nuestro sistema visual tiende a encajar el color amarillo dentro de los contornos.

Página 143
Cada ojo ve desde un ángulo ligeramente distinto. A este efecto se le llama disparidad binocular. Los dos ojos trabajan juntos para darnos percepción de la profundidad, de tal modo que nuestro cerebro sea capaz de juzgar y calcular las distancias. Cuando sólo usas un ojo pierdes dicha percepción de la profundidad. Ésta también depende de los colores: los objetos de colores cálidos (como el ojo) tienden a ser vistos más cercanos que los objetos de colores fríos (azul).

Página 144
Decimos cuadrados «aparentemente» de neón porque el patrón ondulante produce la impresión de que hay cuadrados completos detrás. Pero como todo el diseño se encuentra en el mismo plano, los aparentemente latentes cuadrados sólo son formas de color segmentadas.

La difusión de colores de neón contiene contornos ilusorios, inducción de brillo, asimilación de color y transparencia perceptiva, todo lo cual proporciona percepción de profundidad a lo percibido por nuestra mirada. La difusión de color de neón también se puede observar en el triángulo de Kanizsa. De hecho, el primero en observarla fue Varin en 1971, pero el nombre «color de neón» procede de Van Tuijl.

La capacidad humana para percibir el efecto neón puede ser un resto procedente de la evolución del desarrollo de nuestra capacidad de visión bajo el agua a profundidades extremas, donde realmente existe muy poca luz.

Página 145
Esta estructura imposible, llamada cubos multiconectados, fue creada por Vicente Meavilla Seguí.

Página 146
El objeto, que es el volumen resultante de la intersección perpendicular de tres cilindros, se llama tricilindro (o sólido de Steinmetz) y tiene la misma vista desde arriba, lateral y frontal, como si fuera una esfera.

Tanto la esfera como el tricilindro tienen círculos como proyecciones. Esto demuestra que un objeto 3D no puede ser descrito sólo mediante una vista frontal, superior y lateral.

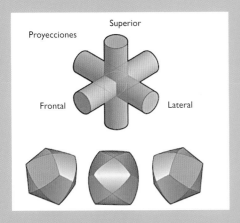

Página 147
En realidad la frase contienen todas las letras del alfabeto; pero quizá hayas respondido que falta la letra «l» o alguna otra. Ello se debe a que no puedes encontrar la palabra «la». Las palabras función, como «y», «la» y «de» son procesadas de forma inconsciente por nuestro cerebro porque no poseen ningún significado léxico específico para el texto.

Página 148
Estamos seguros de que has respondido que es el pedazo B; pero ¡estás equivocado! La respuesta correcta es el pedazo de queso A.

Página 149
La puerta se abre de forma simultánea hacia fuera y hacia dentro. ¡No es el único misterio que existe!. El tejado termina en otra dirección con respeto a la casa y las hojas cercanas a los escalones de entrada son ambiguas: no podemos ver si están caídas sobre el suelo o cuelgan de las ramas de los árboles.

Ilusiones ópticas clásicas

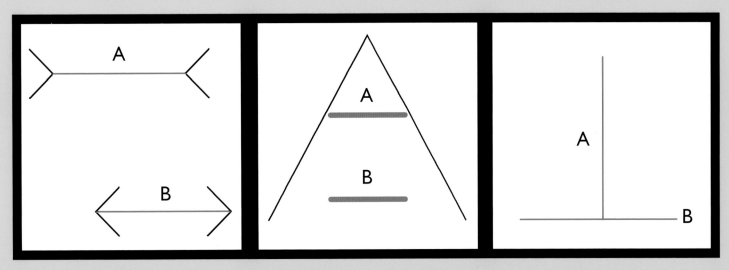

Ilusión Müller-Lyer
Línea A = línea B

Ilusión Ponzo
Línea A = línea B

Ilusión Fick
Línea A = línea B

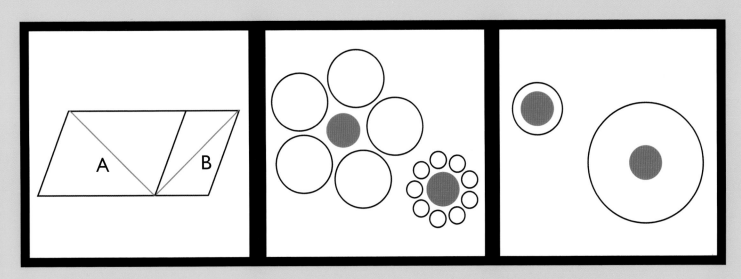

Paralelogramo de Sander
Línea A = línea B

Ilusión de Ebbinghaus
Los círculos rojos son iguales

Ilusión de Delbouef
Los círculos rojos son iguales

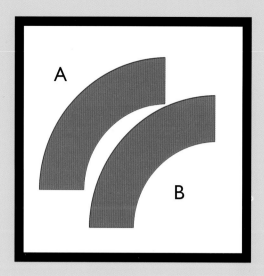

Ilusión de Jastrow
Forma A = forma B

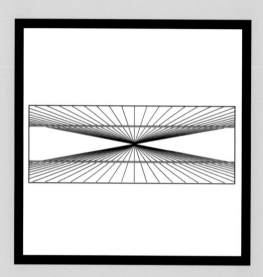

Ilusión de Hering
Las líneas rojas son paralelas

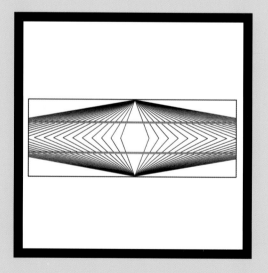

Ilusión de Wundt
Las líneas rojas son paralelas

Ilusión de Zöllner
Las diagonales son paralelas

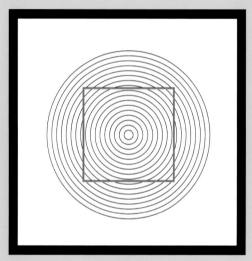

Ilusión de Ehrenstein
El cuadrado es perfecto

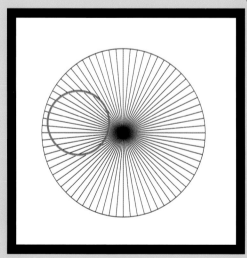

Ilusión de Orbison
El círculo es perfecto

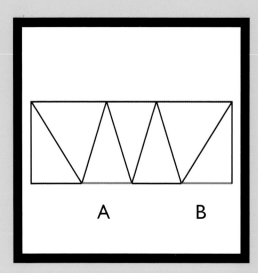

Ilusión de Fee
Línea A = línea B

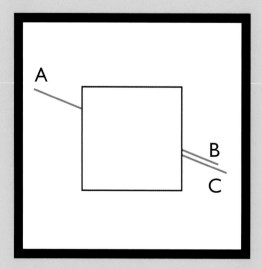

Ilusión de Poggendorff
Los segmentos A y B están alineados

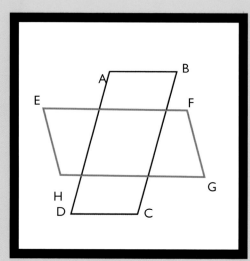

Ilusión de los paralelogramos cruzados
Paralelogramo ABCD = paralelogramo EFGH

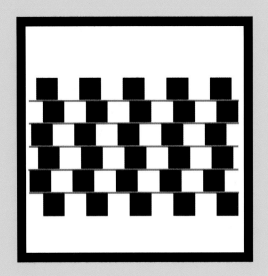

Ilusión de la pared del café
Las líneas rojas son rectas y paralelas

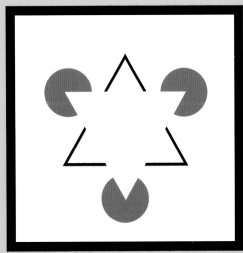

Ilusión de Kanisza
El fenómeno de un triángulo subjetivo blanco

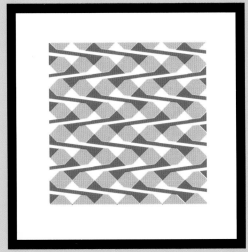

Ilusión de Frazer
Las líneas son paralelas

Términos usuales

Ambigrama
Una palabra o frase gráfica que puede leerse de más de un modo. Se puede conseguir de formas diferentes: escribiendo la palabra de tal modo que pueda ser interpretada de más de una manera, o consiguiendo que tenga sentido cuando la ponemos bocabajo.

Contraste de color y asimilación de color
El contraste de color se refiere al cambio de tono cuando los colores son percibidos en el contexto de otros colores. Por ejemplo, los colores pueden parecer más claros o más oscuros con respecto al color del fondo, o incluso cambiar sus tonos en dirección al color complementario del fondo. Cuando las zonas de color de un patrón son muy pequeñas, se produce un fenómeno contrario al contraste simultáneo de colores: los colores parecen volverse más como sus vecinos en vez de menos.

Éntasis
Ligera línea convexa utilizada por los griegos en sus columnas. Esta curva compensa la ilusión óptica de que las columnas rectas parecen cóncavas.

Figuras ambiguas
Abiertas a más de una interpretación. Significa que una imagen al completo puede contener escenas diferentes, dependiendo de la interpretación del observador.

Imagen imposible
Las figuras imposibles pueden dibujarse en un papel, pero no pueden existir en la vida real.

Imagen invertida
Una imagen invertida o desordenada es una imagen que muestra algo con sentido cuando se le da la vuelta. Eso puede ser algo u otra cosa completamente diferente.

Imagen oculta y camuflaje
El camuflaje ha sido utilizado en el mundo natural para ocultar desde que los depredadores desarrollaron ojos para detectar a sus presas. En las ilusiones ópticas, se trata del arte de esconder algo de forma elegante en una imagen. En la mayor parte de los casos se trata de paisajes o escenas naturales en las que se esconden animales u objetos extra.

Inhibición lateral
Algunos fotorreceptores de la retina se activan cuando detectan luz, mientras que otros lo hacen ante la ausencia de luz. Por lo general ambos receptores se rodean unos a otros y están diseminados por la retina, creando campos receptivos. A menudo la luz puede caer en ambos a la vez, haciendo que ambas regiones compitan entre sí. Una parte del campo receptivo quiere activarse y la otra no. Esta interacción competitiva se llama inhibición lateral. Dada la naturaleza antagónica de los campos receptivos, cuando miramos a ciertos patrones pueden producirse las ilusiones de percepción, como la ilusión de rejilla de Herman.

Pareidolia
Un tipo de ilusión o interpretación errónea en la que algo sin sentido se interpreta como algo con sentido. Por ejemplo, ver una jirafa en la forma de una nube.

Procrypsis
La habilidad para fundirse con el fondo. Este camuflaje ambiental se ve más a menudo en los insectos y en muchos animales. No tienes más que pensar en los insectos palo y en esos curiosos insectos que tienen forma de hoja.

Punto ciego
No podemos ver allí por donde el nervio óptico entra en el ojo. Nunca nos damos cuenta de ello porque nuestros ojos no paran de realizar pequeños movimientos y, sobre todo, porque nuestro cerebro rellena los huecos y se limita a suponer lo que debería haber allí. En realidad, el punto ciego es bastante grande.

Para consultar

Obras recientes de los mismos autores

Sarcone y Waeber, *Almanach du mathématicien en Herbe*, Edition Archimède, París 2002.
Sarcone y Waeber, *Matemagica*, La Meridiana Editore, Italia, 2005.

Páginas web con ilusiones ópticas
www.psicoactiva.com/ilusion.htm
(en esta web te cuentan cómo funcionan las ilusiones ópticas. En español)
www.ilusionario.es
(web con muchos trucos para descubrir. En español)
www.ilusionesopticasymas.blogspot.com
(blog en el que encontrarás muchas ideas. En español)
www.archimedes_lab.org/index_optical.html
(web del Archimedes Laboratory con ilusiones perceptivas. En inglés, italiano, francés y alemán)
www.michaelbach.de/ot/
(web con ilusiones ópticas de un especialista)
www.ritsumei.ac.jp/akitaoka/index_e.html
(página de ilusiones ópticas de A. Kitaok. En inglés)

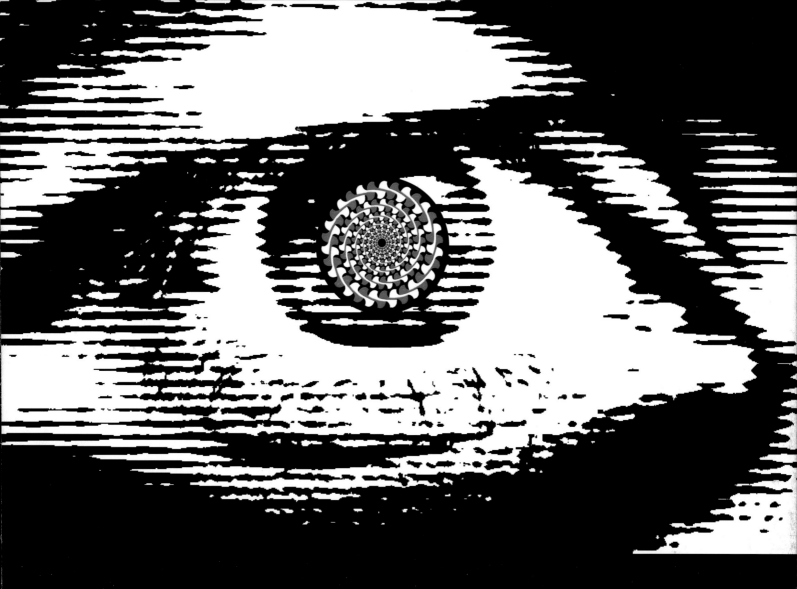

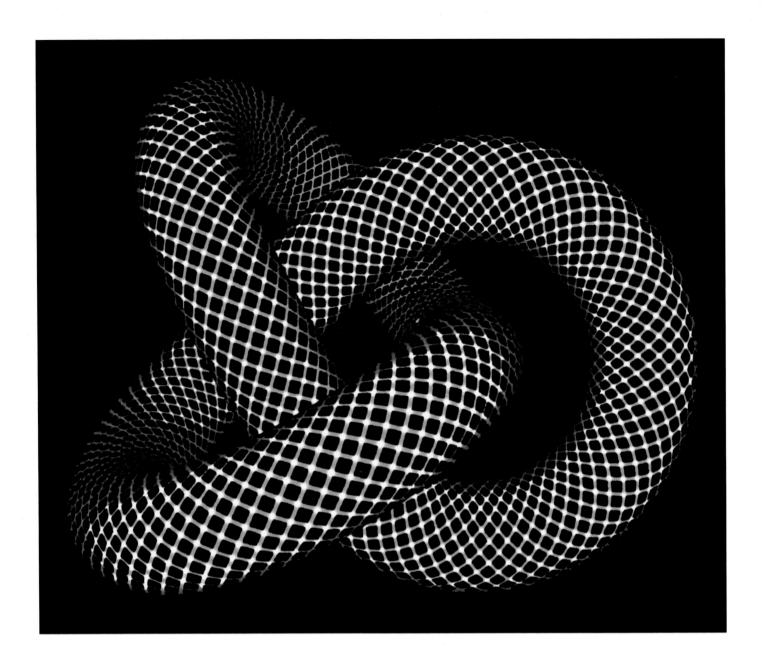

Créditos fotográficos

Los autores quieren transmitir su agradecimiento a las siguientes fuentes que han aportado algunas imágenes utilizadas en este libro. Cualquier error, omisión o corrección será puesta al día en posteriores ediciones.

Página 31: Diseño creado por Gianni A. Sarcone en 1995.

Página 86: Disco flotante, inspirado en un diseño de Hajime Ouchi.

Página 109: Trenzas de sombra, inspiradas en un diseño de E. Adelson (ilusión de entrecruzado).

Página 124: Patrón circular creado por Gianni A. Sarcone en el año 1996.

Página 126: El mismo tono, basado en los patrones de baldosas de A. Logvinenko y E. Adelson.

Páginas 134 y 145: Estructuras cúbicas imposibles, basadas en un dibujo de Vicente Meavilla Seguí.